[집필진] Authors

조윤경　Jo Yun-gyeong

現) 부산외국어대학교 조교수
前) 신라대학교 전임강의교원

김장식　Kim Jang-sik

現) 부산외국어대학교 글로벌한국학전공 강사
前) 파라과이 Instituto Superior de Educación "Dr. Raúl Peña"(국립교원대학교)
　　한국국제교류재단 객원교수

류승의　Ryu Seung-eui

現) 부산 동명대학교 학부교양대학 및 한국어학당 강사
前) 중국 浙江旅游职业学院 한국어학과 원어민 강사

 랑스코리아 (영어)
www.langskorea.co.kr

 랑스코리아 (일본어)
www.langskorea.com

랑스코리아(langs Korea)는 랑스 주식회사의 한국어 교육 및 한국어교재 출판 전문 브랜드입니다.
홈페이지 및 유튜브 채널을 통해서 본 교재의 MP3 파일을 다운로드 및 재생하실 수 있으며,
더욱 다양한 한국어 교육 관련 자료를 보실 수 있습니다.

재미있는 대학생활을 위한

교양 한국어

Korean Language for Liberal Arts

1

langs Korea

머리말

이 교재는 한국 대학에 진학하거나 이미 진학한 외국인 유학생의 교양 한국어 수업을 위한 교재로 기획된 교재입니다. 한국 대학에 진한학 초급 학습자들이 학교생활을 하며 겪게 될 다양한 상황에서 의사소통하고 수행해야 할 상황에 필요한 한국어 능력을 기르도록 하는 데 목적이 있습니다. 이와 관련하여 이 교재는 다음과 같은 특징을 가집니다.

첫째, 각 단원의 주제를 대학 생활에 맞추어 선정하였습니다. 대학 생활에서 꼭 필요한 주제로 선정하여 흥미와 동기를 유발하고 자연스럽게 반복 가능한 언어 학습이 되게 하였습니다. 도입 자료에서 나타난 주제나 교육 내용을 어휘와 문법, 그리고 활동을 통해서 다시 이야기하여 내재화할 수 있도록 하였습니다.

둘째, 듣기를 제외한 말하기, 쓰기, 읽기 과제 수행에 초점을 둔 부분 통합형으로 구성하였습니다. 통합형 교재의 단점인 단순 반복 연습을 줄이고 난이도별로 순서를 배열하기보다는 빈도별로 순서를 정하여 대학 생활에서 자주 만나는 상황을 연습할 수 있도록 하였습니다.

셋째, 교재의 활용 측면에서 강의의 주차와 시간을 고려하였습니다. 한국어 수업 시간 동안 학습자는 한 권의 교재를 마침으로 한국어에 대한 자신감을 느끼게 하는 것이 중요하다고 생각했습니다. 일반적으로 국내 대학의 경우 주당 3시간이 가장 많으며 한 학기가 평가 시간 제외 15주임을 고려하였습니다. 따라서 수업 속도가 각 단원의 활동이 적절한 속도로 진행되게끔 설계하였습니다.

이 책을 통하여 한국어를 습득하고자 하고 한국어에 대한 이해를 높이고자 하는 모든 유학생이 한국어와 한국의 문화를 더 사랑하게 되기를 바랍니다. 아울러 이 책을 편집하고 디자인해 주신 출판 관계자분들께도 감사한 마음을 전합니다.

2023년 9월 저자 일동

Perface

This textbook is designed for liberal arts Korean language classes for international students who are either preparing to enter or have already enrolled in Korean universities. This textbook aims to cultivate the Korean language skills necessary for communication and various situations that beginner-level learners entering Korean universities may encounter in their school life. In relation to this, the textbook has the following features:

First, the topics for each chapter were selected to align with university life. By choosing topics essentials to university life, we aimed to stimulate interest and motivation, allowing natural and repeatable language learning. The topics and educational content introduced in the introductory page were reintroduced through vocabulary, grammar, and activities to allow internalization.

Second, except listening, the curriculum was designed as an intergrated approach, focusing on tasks related to speaking, writing, and reading. We aimed to reduce simple repetitive exercises, which is the drawback of integrated textbook, and organized the sequence based on frequency rather than difficulty, allowing practice of situations commonly encountered in university life.

Third, in terms of textbook utilization, consideration was gives to the weeks and hours of the lectures. It is deemed important for learners to complete one textbook during Korean language class time to improve confidence in their Korean proficiency. Typically, univerisities in Korea have a maximum of 3 hours a week, with a semester lasting 15 weeks excluding evaluation periods. Therefore, the class pace was designed to ensurede that each unit's activities progress at an appropriate speed.

Through this book, we hope that all international students who wish to learn Korean through this book and enhance their understanding of the Korean language will love both Korean language and culture even more. In addition, we would like to express our gratitude to the publishing officials for editing and designing this book.

Authors, September 2023

일러두기
How to use this book

<교양 한국어>는 한국어를 처음 학습하거나 한국 대학 생활을 준비하는 학습자를 위한 교재이다. 본 교재의 가장 큰 특징은 일상 및 대학 생활에서 자주 사용하는 어휘 및 문법의 쓰임을 익히도록 집필하였다는 점이다. 본 교재는 총 15과로 구성되어 있다. 1~2과는 한글 창제 배경과 특징, 자음과 모음, 인사말, 교실 표현을 알고, 3~15과에서 한국 대학과 일상생활에서 자주 접하는 주제를 통해 어휘와 문법, 언어 기능을 익히고 연습할 수 있도록 하였다. 한 과는 대화, 어휘, 어휘 연습, 문법 표현, 연습 문제, 읽기, 말하기, 쓰기로 구성되어 있다. 초급 학습자를 위해 지시문, 어휘, 문법 설명 등을 영어로 번역하여 제공하였다. 한 과는 2~4시간 수업용으로 학습 시간에 맞게 조절할 수 있게 하였다.

<교양 한국어> is a textbook designed for learners who are beginning to study Korean and/or preparing to study in Korea. The most notable feature of this textbook is that it is written to familiarize students with the use of vocabulary and grammar commonly used in daily life and university settings. The textbook consists of 15 units. Units 1-2 cover the background and characteristics of Hangeul, consonants and vowels, greetings, and expressions used in the classroom. In units 3-15, students can practice and understand vocabulary, grammar, and language functions through topics frequently encountered in both university and daily life in Korea. Each chapter consists of conversation, vocabulary, vocabulary exercises, grammar expressions, practice questions, reading, speaking, and writing sections. Instructions, vocabulary, and grammar explanations are provided in English for beginners. Each chapter is designed to fit a 2-4-hour class to accommodate the learning schedule.

- **제목 및 들어가기** Title and Introduction

  각 과의 제목과 제목 관련 삽화를 통해 주제를 추측할 수 있다. 학습 목표, 주제, 사용 어휘, 사용 문법을 명시적으로 제시하였다. 들어가기에서 질문을 통해 각 과에서 학습해야 할 주요 내용을 자연스럽게 추측하고 접할 수 있도록 하였다.

  Students are able to guess the topic through the title of each chapter and the illustrations related to the title. Learning objectives, topics, vocabulary, and grammar used in each subject are explicitly provided. In the introduction, questions were posed to naturally prompt students to speculate on and anticipate the key content they would encounter in each chapter.

- **대화 1, 2** Dialogue 1, 2

  각 과의 주제에 따른 어휘와 문법 표현을 사용하여 대화문을 구성하였다. 다양한 대화 상황을 자연스럽게 이해하고 익히도록 하였다.

  A dialogue using vocabulary and grammatical expressions related to the topics of each subject was constructed to help students naturally understand and become familiar with various conversational situations.

- **어휘 1, 2** Vocabulary 1, 2

  대화 1, 2에서 사용한 주제와 관련된 어휘를 확장 제시하였다. 어휘를 영어로 번역하여 빠르고 쉽게 이해하도록 하였다.

  Topics and vocabulary used in Conversation 1 and 2 are expanded. English translations of the vocabularies are provided to encourage quick and easy understanding.

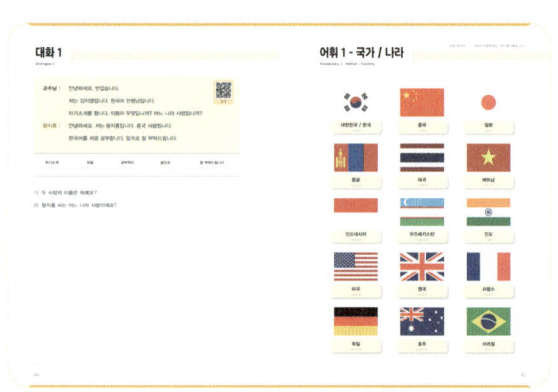

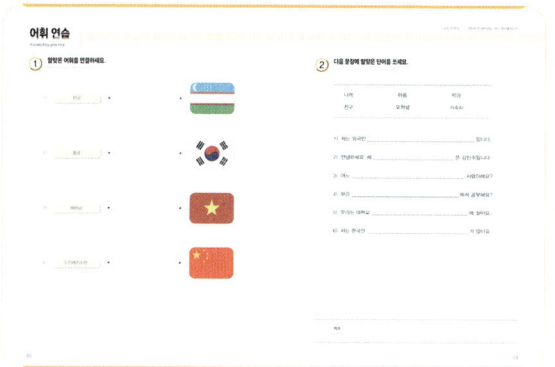

- **어휘 연습** Vocabulary practice

    어휘1, 2에서 학습한 어휘를 뜻 찾기, 문장 완성하기 등을 통해서 확인하고 연습할 수 있도록 하였다.

    The vocabulary learned in Vocabulary 1 and 2 are practiced through exercises such as finding meanings and completing the sentences.

- **문법 표현1, 2** Grammar expression 1, 2

    초급 문법에서 빈도별, 활용도 등을 고려하여 주제에 맞는 문법 표현을 제시하였다. 대화 1, 2에서 노출된 문법 표현을 쉽게 익히고 이해하도록 설명과 예문, 형태 교체 연습을 제시하였다. 쉽게 이해할 수 있도록 영어 번역을 같이 제시하였다.

    Relevant grammatical expressions were presented for each topic while considering the frequency and practicality of beginner-level grammar. In Conversations 1 and 2, explanations, example sentences, and practice exercises were provided to facilitate easy learning and understanding of the introduced grammatical expressions. English translations were also provided for better comprehension.

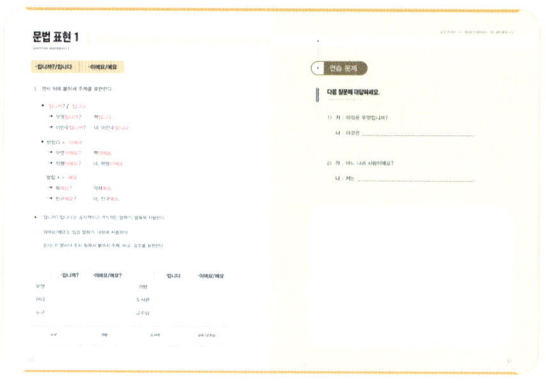

- **연습 문제** Practice questions

    제시한 문법 표현을 문장 완성하기, 대답하기 등의 형식으로 열린 응답이 가능하게 하였다.

    The presented grammatical expressions were structured to allow open-answers in the form of completing the sentence, answering, etc.

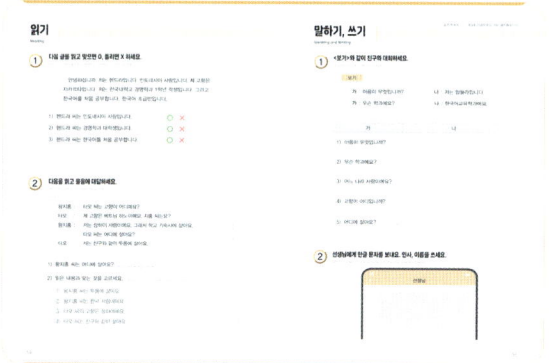

- **읽기** Reading

    각 과에서 학습한 주제와 어휘, 문법 표현을 활용한 다양한 읽기 자료를 제공하였다. 전형적인 읽기 문형과 문제, 대화형 문형과 문제를 통해 다른 언어 기능으로 통합, 확장할 수 있도록 하였다.

    Various reading materials are provided using topics vocabulary, and grammatical expressions learned in each topic. This was done through typical reading structure and questions, as well as interactive formats, allowing students to integrate and expand their language skills through different linguistic functions.

- **말하기, 쓰기** Speaking and Writing

    각 과에서 학습한 주제와 어휘, 문법 표현을 활용한 말하기, 쓰기 활동이다. 〈보기〉를 제시하여 학습자가 질문에 대답할 수 있는 유의미한 열린 활동을 제공하였다.

    Speaking and writing activities using topics, vocabulary, and grammatical expressions learned in each unit. Example is provided to allow the students to have meaningful, open activities.

목차
Table of Contents

머리말 Preface ·· 6

일러두기 How to use this book ····················· 8

교재구성표 Book Structure Table ················ 12

제1과 Unit 1 자음, 모음 ··· 14
Consonants & Vowels

제2과 Unit 2 받침 ·· 32
Final consonants

제3과 Unit 3 안녕하세요. 저는 왕지홍입니다. ············· 42
Hello. I'm Wang Jihong.

제4과 Unit 4 오늘 수업 끝나고 뭐 해요? ···················· 56
What do you do after class?

제5과 Unit 5 생일이 몇 월 며칠이에요? ····················· 70
When is your birthday?

제6과 Unit 6 시장에 과일을 사러 가요. ······················ 84
I'm going to buy fruits in the market.

제7과 Unit 7 무엇을 먹었어요? 뭐 먹고 싶어요? ········ 98
What did you eat? What do you want to eat?

제8과 Unit 8 저는 기숙사에서 룸메이트와 같이 살아요. ······ 112
I live in the dormitory with my roommate.

제9과 Unit 9	도서관은 어떻게 이용해요? 126
	How do you use the library?

제10과 Unit 10	보강은 언제 해요? 140
	When is the makeup class?

제11과 Unit 11	학교에서 백화점까지 어떻게 가요? 154
	How to go to the mall from the campus?

제12과 Unit 12	어떤 여행을 좋아해요? 168
	What kind of trip do you like?

제13과 Unit 13	다음 주 화요일이 기말시험이에요. 182
	The final exam is next Tuesday.

제14과 Unit 14	방학 때 뭐 할 거예요? 196
	What are you going to do on school break?

제15과 Unit 15	수강 신청했어요? 210
	Have you registered your classes?

부록 Appendix	모범 답안 Model answer 224
	색인 Index 234
	출처 표기 Mark the Source 242

교재구성표
Book Structure Table

	단원 제목 Unit tiltle	주제 Topic	대화 1 Dialogue 1 어휘 1 Vocabulary 1	대화 2 Dialogue 2 어휘 2 Vocabulary 2
1과	자음, 모음	한글	한국어와 한글 소개, 모음1(단모음), 모음2(이중 모음), 자음, 단어 빙고 게임, 귓속말 게임, 인사하기	
2과	받침	물건	받침, 선생님과 친구 이름 쓰기, 교실 물건, 교실 표현	
3과	안녕하세요. 저는 왕지홍입니다.	인사, 자기소개	교실 자기소개 국가/나라	친구와 인사 대학 학과
4과	오늘 수업 끝나고 뭐해요?	학교생활, 일상생활	오후 일정 동사	한국 생활 형용사
5과	생일이 몇 월 며칠이에요?	숫자, 날짜, 시간	전화번호, 날짜 한자어 숫자1	시간 고유어 숫자2
6과	시장에 과일을 사러 가요.	장소, 위치	시장 장소	학교 장소 위치, 방향
7과	무엇을 먹었어요? 뭐 먹고 싶어요?	과거 경험, 희망	주말 경험 장소와 동사	식당 음식, 맛
8과	저는 기숙사에서 룸메이트와 같이 살아요.	기숙사 생활	기숙사 생활 기숙사	벌점과 외출증 기숙사 생활 규칙
9과	도서관은 어떻게 이용해요?	도서관 이용 방법	도서관 도서관 출입, 이용	책 빌리기 대출, 반납
10과	보강은 언제 해요?	학교 수업	수업 휴강 휴강, 보강	결석 출석, 결석
11과	학교에서 백화점까지 어떻게 가요?	교통, 길 찾기	버스 타고 가기 교통수단	길 찾기 교통
12과	어떤 여행을 좋아해요?	여행, 계획	방학 계획 여행	제주도 여행 여행 준비
13과	다음 주 화요일이 기말시험이에요.	과제, 시험	기말시험 시험	조별 발표 과제, 발표
14과	방학 때 뭐 할 거예요?	방학, 계획	방학 방학 계획	방학 생활 아르바이트
15과	수강 신청했어요?	수강 신청	다음 학기 수업 수강 신청	수강 신청 일정 수강 신청 방법

문법 표현 1 Grammar expression 1 연습 문제 Practice questions	문법 표현 2 Grammar expression 2 연습 문제 Practice questions	읽기 Reading	말하기, 쓰기 Speaking and Writing
-이/가 있어요/없어요		교실, 집 물건 소개	
-입니까?/입니다 -이에요/예요	-에 살아요	자기소개, 사는 곳 글 읽고 이해하기	소개 대화하기 문자메시지 보내기
-(스)ㅂ니다 -아/어/여요	-고	학교, 주말 생활 글 읽고 이해하기	학교, 한국 생활 대화하기
-에	-(으)ㄹ게요	하루 생활, 쇼핑 글 읽고 이해하기	숫자 활용한 대화하기
-에서	-(으)러 가요	한국 방문, 초대 글 읽고 이해하기	장소에서 하는 행동 대화하기
-았/었/였어요	-고 싶어요	오늘 경험, 음식 글 읽고 이해하기	과거 경험, 미래 희망 대화하기
-았/었/였으면 좋겠어요	-(으)면 안 돼요	룸메이트, 집 찾는 글 읽고 이해하기	집과 이사, 금지 대화하기
-아/어/여야 돼요/해요	-(으)니까	세미나실, 재학증명서 글 읽고 이해하기	이유, 꼭 해야 할 일 대화하기
못 -	-아/어/여서	휴강, 결석 이유 글 읽고 이해하기	이유, 못하는 것 대화하기
-(으)ㄴ 후에 -기 전에	-(으)면	기차 여행, 수업 후 약속 글 읽고 이해하기	오전, 오후 일과 쓰고 말하기
-지만	-(으)ㄴ/는데	명절, 졸업 후 계획 글 읽고 이해하기	반대, 상황 설명 쓰고 말하기
-(으)ㄹ 것 같아요	안 -	중간고사, 토픽 시험 글 읽고 이해하기	상황 추측 문장 쓰고 말하기
-(으)ㄹ 거예요	-(으)ㄹ 수 있어요/없어요	고향 생활, 할 수 있는 글 읽고 이해하기	할 수 있는 것, 할 수 없는 것 쓰고 말하기
-기 때문에	-아/어/여 보세요/봤어요	수강신청, 전공수업 글 읽고 이해하기	상황별 이유, 추천 쓰고 말하기

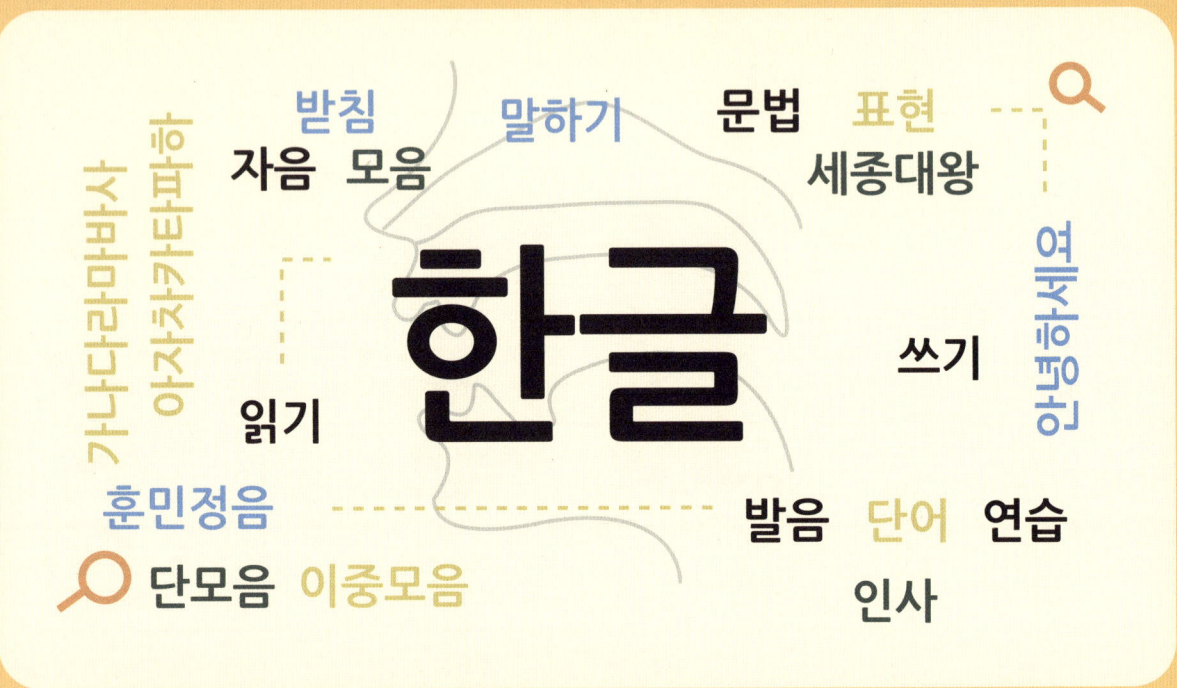

제1과
Unit 1

자음, 모음
Consonants & Vowels

1. 자음, 모음은 몇 개예요?
   How many consonants and vowels in Korean Language?

2. 한글은 누가 어떻게 만들었어요?
   Who invented Hangeul?

가. Quick Facts About the Korean Language

Korean is one of the Northeast Asian languages. It is also known as Kugo. There are 42 million people who speak Korean in South Korea. North Korea and China have 20 million and 2 million speakers, respectively.

There are half a million speakers in Japan and Russia alone, as well as small numbers in the U.S. of vast populations on the west coast and New York. Other cities in Singapore, Thailand, and Paraguay as house a multitude of Korean speakers.

In total, there are around 72 million people who speak Korean all over the world.

나. A Brief History of the Korean Language

Korean is one of the most misunderstood languages in the world, as its roots are unclear and the subject of ongoing debate among scholars. Evidence shows that Korean and Japanese belong to the Altaic branch of languages, which includes both Turkish and Mongolian.

While Chinese belongs to an entirely different language family, they greatly influenced Korean. Many people claim that the language originated from a single cultural source. However, just like contemporary Korean people have not come from a unique ethnicity, the modern Korean language doesn't originate from just one language.

During the unification of the sixth to the fourteenth century, various groups that inhabited the Korean peninsula in ancient times united into homogenous people with one language. And Krean became the language that we know now at the end of the 15th century.

다. History of Hangeul

Hangeul is the Korean alphabet since 1443. The credit of its invention goes to King Sejong of the Yi Dynasty (1392-1910). Many Korean scripts used a complex system of Chinese characters before the Hangeul developed. However, Chinese characters couldn't represent Korean speech very well. As a result, King Sejong (1397-1450) commissioned the development of a phonetic script that was both more efficient and easier for ordinary people to read and write.

라. Notable Features of Hangeul

Korean was traditionally written in vertical columns from right to left. Since then, writing horizontally from left to right has become popular. Today, most texts follow the same direction.

1. There are 14 consonants and ten vowels in the Korean alphabet. The letters form syllable blocks.

2. Consonant forms n, m, and ng are visual depictions of the mouth and tongue when you pronounce them.

3. There are three main elements in Korean vowels, such as a vertical line (human), a horizontal line (earth), and a dot (heaven). The celestial dot becomes a short line in modern Korean Hangeul.

4. Spaces go between words that may consist of one or more syllables.

모음1 (단모음)
Vowels 1 (Simple vowels)

입모양이 변하지 않아요.

모음 vowels	발음 pronunciation	순서 taxis	연습 practice		
ㅏ	[a]				
ㅓ	[ə]				
ㅗ	[o]				
ㅜ	[u]				
ㅡ	[ɨ]				
ㅣ	[i]				
ㅐ	[ɛ]				
ㅔ	[e]				

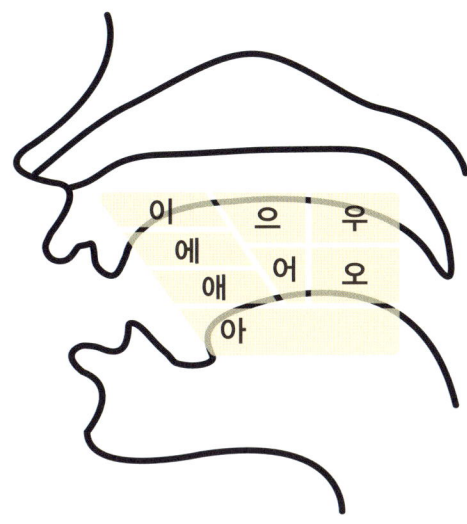

ㅇ + ㅏ = 아   ㅇ + ㅗ = 오

ㄱ + ㅏ = 가   ㄱ + ㅗ = 고

1 다음 단어를 읽고 쓰세요.
Read and write the following words.

오 5 five			
이 2 two			
오이 cucumber			
아이 child			

2 선생님의 발음을 잘 듣고 따라 읽으세요.
Listen carefully to the teacher's pronunciation and read along.

1) 아 어   2) 오 우   3) 으 이   4) 아 오

5) 오 어   6) 이 우   7) 어 으   8) 우 어

모음2 (이중 모음)
Vowels 2 (Compound vowels)

입모양이 변해요.

모음 vowels	발음 pronunciation	순서 taxis		연습 practice
ㅑ	[ja]	ㅣ + ㅏ		
ㅕ	[jə]	ㅣ + ㅓ		
ㅛ	[jo]	ㅣ + ㅗ		
ㅠ	[ju]	ㅣ + ㅜ		
ㅒ	[jɛ]	ㅣ + ㅐ		
ㅖ	[jʌ]	ㅣ + ㅔ		

모음 vowels	발음 pronunciation	순서 taxis		연습 practice
ㅘ	[wa]	ㅗ + ㅏ		
ㅙ	[wɛ]	ㅗ + ㅐ		
ㅝ	[wə]	ㅜ + ㅓ		
ㅞ	[wø]	ㅜ + ㅔ		
ㅢ	[iɨ]	ㅡ + ㅣ		
ㅚ	[we]			
ㅟ	[wi]			

1 다음 단어를 읽고 쓰세요.
Read and write the following words.

귀 ear			
야구 baseball			
시계 clock			
회사 company			
사과 apple			
의자 chair			
의사 doctor			
돼지 pig			
웨이터 waiter			
더워요 hot			
추워요 cold			

자음
Consonants

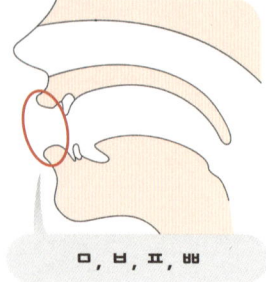

자음 consonants	발음 pronunciation	순서 taxis	연습 practice	
ㅁ	[m]			
ㅂ	[b/p]			
ㅍ	[p]			
ㅃ	[pp]			

교양 한국어 | 제1과 자음, 모음

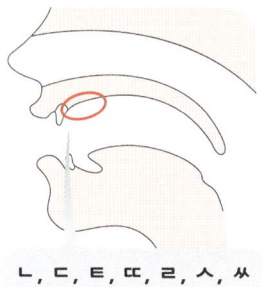
ㄴ, ㄷ, ㅌ, ㄸ, ㄹ, ㅅ, ㅆ

자음 consonants	발음 pronunciation	순서 taxis	연습 practice
ㄴ	[n]		
ㄷ	[d/t]		
ㅌ	[t]		
ㄸ	[tt]		
ㄹ	[r/l]		
ㅅ	[s]		
ㅆ	[ss]		

25

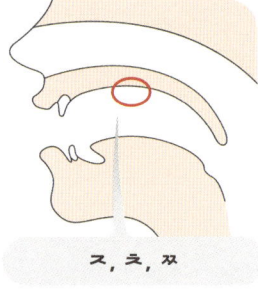

자음 consonants	발음 pronunciation	순서 taxis	연습 practice
ㅈ	[j]		
ㅊ	[ch]		
ㅉ	[jj]		

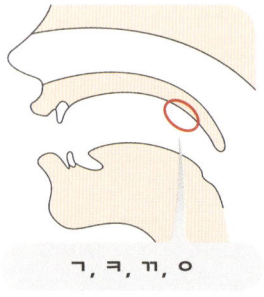

자음 consonants	발음 pronunciation	순서 taxis	연습 practice
ㄱ	[g/k]		
ㅋ	[k]		
ㄲ	[kk]		
ㅇ	[o]		

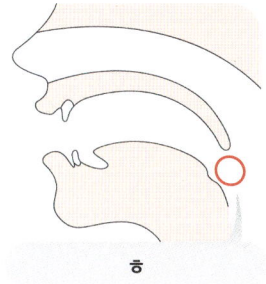

자음 consonants	발음 pronunciation	순서 taxis	연습 practice
ㅎ	[h]		

다음 단어를 읽고 쓰세요.
Read and write the following words.

가구 furniture		가게 store	
나라 country		나무 tree	
다리 leg		대화 conversation	
미래 future		어머니 mother	
바지 trousers		배우다 to learn	
세계 world		쓰다 to write	
자다 to sleep		짜다 salty	
찌개 stew		차다 to kick	
차례 procedure; process		기차 train	
크다 big		꼬리 tail	
사투리 (regional) dialect		타다 to ride/get on	
파도 wave		포도 grapes	
허리 waist		회의 meeting	

선생님의 발음을 잘 듣고 따라 읽으세요.
Listen carefully to the teacher's pronunciation and read along.

1) 그림   크림   꼬리

2) 달   탈   딸

3) 자다   차다   짜다

4) 방   팡   빵

5) 사다   싸다

자음, 모음 연습
Consonant and Vocal alphabet practice

 1과에 나온 자음, 모음 단어로 빙고 게임을 해요.
Let's play a bingo game with words consisting of consonants and vowels from Chapter 1.

 친구들과 귓속말 단어 게임을 해요.
Let's play a whispering words game with friends.

1) 친구들과 팀을 나누세요.

2) 선생님이 주는 단어를 보고 친구에게 귓속말로 이야기하세요.

3) 마지막 친구는 단어를 쓰고 크게 말하세요.

인사하기
Greetings

가 : 안녕하세요.
나 : 안녕하세요.

가 : 안녕.
나 : 안녕.

가 : 안녕히 가세요.
나 : 안녕히 계세요.

가 : 고마워요.
나 : 아니에요.

가 : 미안해요. (죄송합니다.)
나 : 괜찮아요.

가 : 다음 시간에 만나요.
나 : 네, 다음 주에 만나요.

※ "Goodbye" is a greeting from the person who stays to the person who leaves.
  "Goodbye" is a greeting from the person who leaves to the person who stays.

선생님, 친구들과 함께 인사해요.
Say hello to your teacher and your friends.

여러분 나라에서는 어떻게 인사해요? 이야기해요.
How do you greet in your country? Let's talk about it.

다음 주
next week

제2과
Unit 2

받침
Final consonants

 **들어가기** Introduction

1. 받침 발음은 몇 개예요?
   How many final consonants in Korean Language?

2. 교실에 무엇이 있어요?
   What's in the classroom?

받침
final consonants

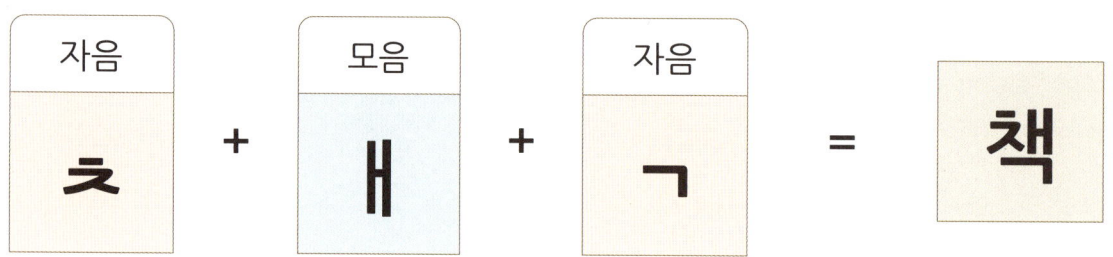

모음 ㅏ + 자음 ㄴ = 안

자음 ㅊ + 모음 ㅐ + 자음 ㄱ = 책

자음 ㅁ + 모음 ㅏ + 자음 ㄹ,ㄱ = 맑

받침	발음	단어
ㄱ ㅋ ㄲ	[k]	책[책], 부엌[부억], 낚시[낙씨], 먹다[먹따]
ㄴ	[n]	눈[눈], 친구[친구], 만나다[만나다]
ㄷ ㅌ ㅅ ㅆ ㅈ ㅊ ㅎ	[t]	숟가락[숟까락], 옷[옫], 씻다[씯따], 낮[낟], 꽃[꼳], 팥빙수[팓삥수], 히읗[히읃]
ㄹ	[l]	물[물], 울다[울다], 출석[출썩], 결석[결썩]
ㅁ	[m]	밤[밤], 김치[김치]
ㅂ ㅍ	[p]	밥[밥], 숲[숩], 초급[초급], 없다[업따]
ㅇ	[ng]	빵[빵], 가방[가방], 공부하다[공부하다]

다음 단어를 읽고 쓰세요.
Read and write the following words.

책상 desk		숙제 homework	
밖 outside		인사 greeting	
만나다 to meet		듣다 to listen	
끝나다 to finish		이름 name	
출석 attendance		발표 presentation	
말하다 to speak		강의실 lecture room	
수업 class		비빔밥 bi-bim-bap	
앞 front		옆 next to	
방 room		선생님 teacher	

 선생님의 발음을 잘 듣고 맞는 것을 빈칸에 쓰세요.
Listen carefully to the teacher's pronunciation and write in the correct blank.

1) 한____어
2) 도서____
3) 떡____이
4) ____치
5) 갈비____
6) 교수____
7) ____가락
8) 비____
9) 학과 사____

자신의 이름, 선생님의 이름, 친구의 이름을 쓰세요.
Write your name, teacher's name and your friend's name.

_____   _____   _____

 다음 단어를 읽고 쓰세요.
Read and write the following words.

닭[닥] chicken		흙[흑] soil	
맑다[막따] clear		읽다[익따] to read	
늙다[늑따] get old		앉다[안따] to sit	
닮다[담따] look like		삶다[삼따] to boil	
넓다[널따] wide		짧다[짤따] short	
볶다[복따] to stir-fry		깎다[깍따] to cut	
있다[읻따] be; stay		없다[업따] there's none~	

 한국어 문장은 이렇게 만들어요.
This is how to make a sentence in Korean.

한국어 문장은 '주어+서술어', '주어+목적어+서술어' 순서예요.
The order of words in Korean is 'Subject + Predicate' and/or 'Subject + Object + Predicate'.

주어 다음에 '은/는, 이/가', 목적어 다음에 '을/를' 조사를 사용해요.
Subject is followed by '은/는, 이/가' particle, object is followed by '을/를' particle.

질문할 때 주어가 생략되기도 해요.
When asking questions, the subject might be omitted.

저는 자요.
subject + verb

저는 밥을 먹어요.
subject + object + verb

(너는) 무엇을 공부해요?
(subject) + object + verb

교실 물건
Things in the classroom

1 교실이에요. 무엇이 있어요?
This is a classroom. What's in it?

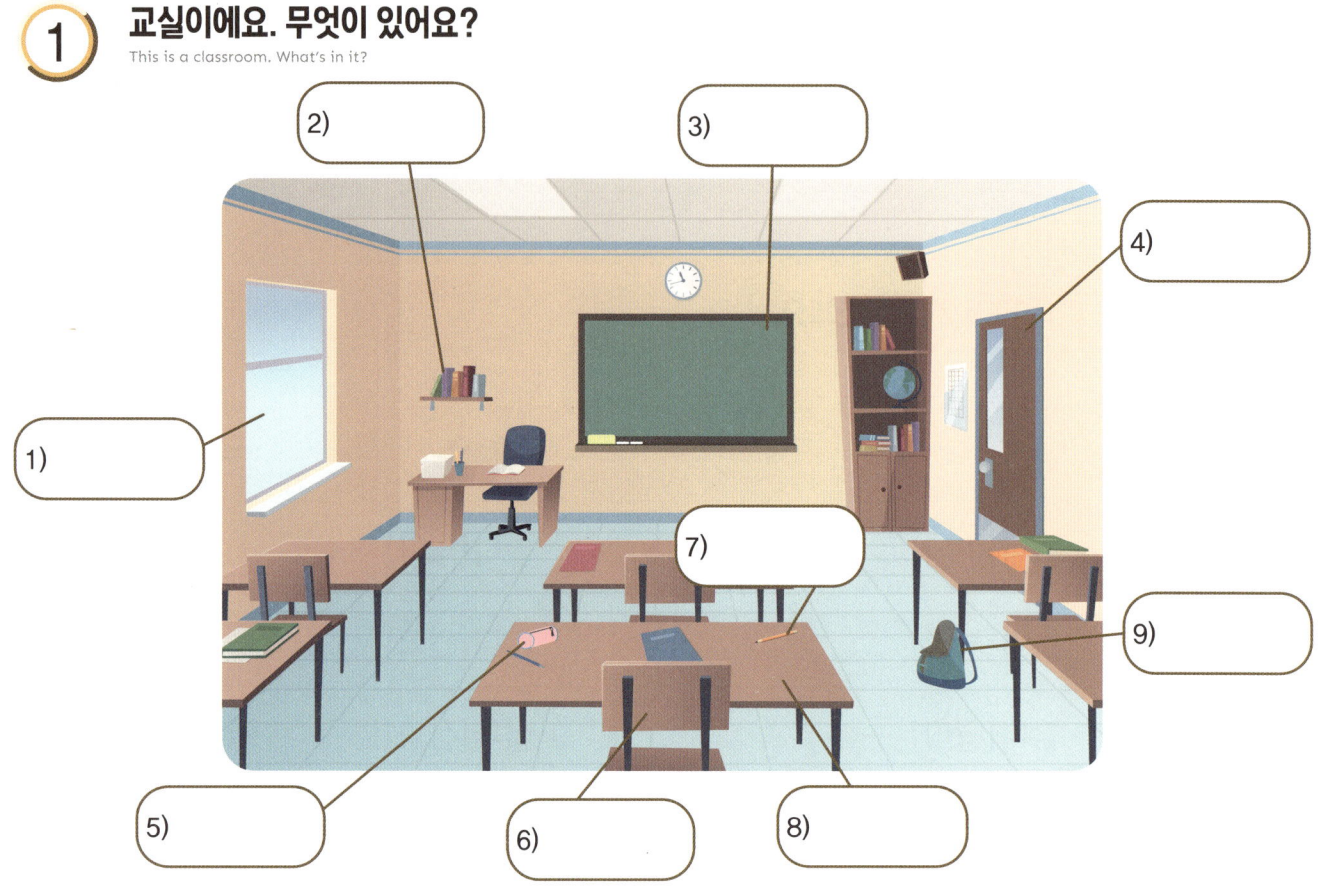

2 책상, 가방에 무엇이 있어요? 다음 단어를 읽고 쓰세요.
What's in your desk and bag? Read and write the following words.

책 book		공책 notebook	
필통 pencil case		볼펜 ballpoint	
연필 pencil		지우개 eraser	
노트북 laptop		지갑 wallet	
카드 card		학생증 student ID card	

교실 표현
Expression used in the classroom

 교실에서 어떻게 말합니까? 선생님의 발음을 따라 읽으세요.
How do you say this in the classroom? Listen carefully to teacher's pronunciation and read along.

1 | 수업 시작합니다. 준비됐어요?
Let's start the class. Are you ready?

2 | 출석을 부르겠습니다.
Let me check the attendance.

3 | 왜 결석했어요?
Why are you absent?

4 | 책 ___쪽을 펴세요.
Open the book page ___.

5 | 보세요.
Look.

6 | 잘 들으세요.
Listen carefully.

7 | 읽으세요.
Read.

8 | 쓰세요.
Write.

9 | 말하세요.
Speak.

10 | 친구와 함께 대화하세요.
Talk with your friends.

11 | 질문이 있어요? - 네, 질문이 있어요. / 아니요, 질문이 없어요.
Do you have any questions? - Yes, I have a question. / No, I don't have any questions.

12 | 대답하세요.
Answer.

13 | 숙제하세요.
Do your homework.

14 | 알겠어요? - 네, 알겠어요. / 아니요, 모르겠어요.
Got it? - Yes, I got it. / No, I don't know.

15 | 잠깐만 기다리세요.
Please wait for a moment.

문법 표현1
Grammar expression 1

-이/가 있어요/없어요

| 물건, 사람 등이 '있다/없다(존재)'를 표현한다.
An object, person, etc. indicates '있다/없다 (existence)'.

- 받침O + -이 있어요/없어요
    → 무엇이 있어요?   책상이 있어요. / 가방이 없어요.

    받침 X + -가 있어요/없어요
    → 뭐가 있어요?   친구가 있어요. / 의자가 없어요.

★ '교수님, 부모님, 사장님' 등에는 '계세요' 높임말을 사용한다.
The honorific word '계세요' is used for 'professors, parents, boss'.

'-이/가'는 주어 뒤에 붙어서 새로운 정보를 표현한다.
'-이/가' is attached to the subject to indicate new information.

	-이 있어요? / -이 있어요
무엇	
책	
돈	
학생	

	-가 있어요? / -가 있어요
뭐	
침대	
냉장고	
언니	

무엇	돈	학생	침대	냉장고	언니
what	money	student	bed	refrigerator	older sister

말하기, 쓰기
Speaking and Writing

 무엇이 있어요? 쓰고 이야기하세요.
What do you have? Let's write and talk.

1) 교실

가 : 무엇이 있어요?

나 : <u>책상이 있어요</u>.

　　_____.

　　_____.

2) 집 / 기숙사

가 : 무엇이 있어요?

나 : <u>침대가 있어요</u>.

　　_____.

　　_____.

제3과
Unit 3

안녕하세요.
저는 왕지홍입니다.

Hello. I'm Wang Jihong.

|  들어가기 Introduction | 1. 친구와 처음 만나요. 어떻게 인사해요?
You're meeting a new friend. How do you say hello?

2. 이름이 뭐예요? 어느 나라 사람이에요?
What's your name? Where are you from? |

학습목표 Learning objectives	자기소개를 할 수 있다.
주제 Topic	인사, 자기소개
 사용 어휘 Vocabulary used	국가/나라, 대학 학과
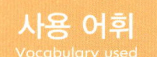 사용 문법 Grammar used	-입니까?/입니다, -이에요/예요, -에 살아요

대화 1
Dialogue 1

교수님 : 안녕하세요. 반갑습니다.

저는 김지영입니다. 한국어 선생님입니다.

자기소개를 합니다. 이름이 무엇입니까? 어느 나라 사람입니까?

왕지홍 : 안녕하세요. 저는 왕지홍입니다. 중국 사람입니다.

한국어를 처음 공부합니다. 앞으로 잘 부탁드립니다.

자기소개	처음	공부하다	앞으로	잘 부탁드립니다
self-introduction	beginning, first	to study	in the future	I look forward to your kind cooperation

1) 두 사람의 이름은 뭐예요?

2) 왕지홍 씨는 어느 나라 사람이에요?

어휘 1 - 국가 / 나라
Vocabulary 1 - Nation / Country

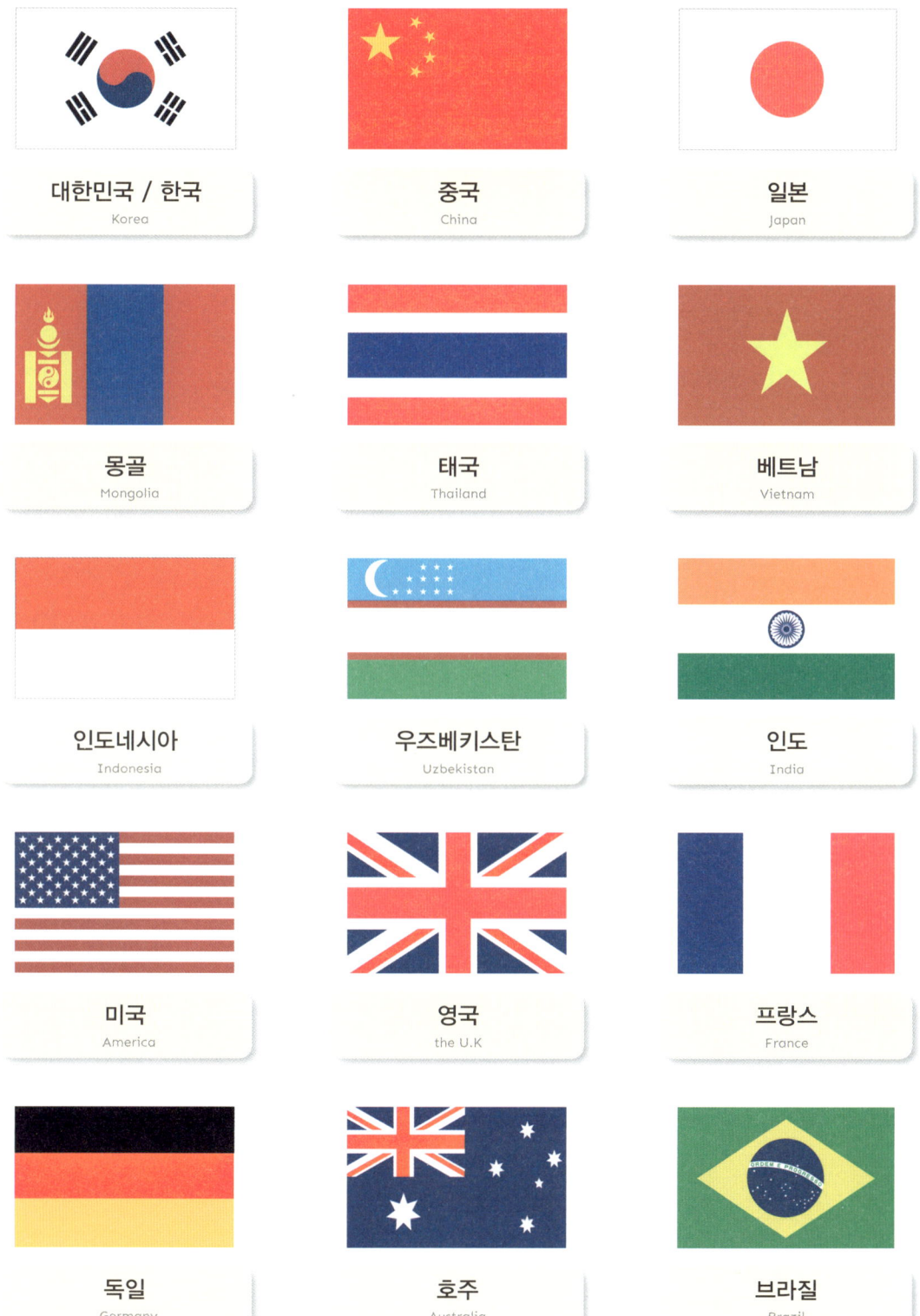

대화 2
Dialogue 2

헨드라 : 안녕하세요. 저는 헨드라예요.

인도네시아 사람이에요. 이름이 뭐예요?

마지덥 : 안녕하세요. 제 이름은 마지덥이에요. 우즈베키스탄 사람이에요.

무역학과 유학생이에요.

헨드라 : 저는 호텔경영학과예요. 그리고 기숙사에 살아요.

마지덥 씨는 어디에 살아요?

마지덥 : 저는 원룸에 살아요. 우리 친구 해요.

유학생	그리고	기숙사	어디
international students	and	dormitory	where
원룸	살다	우리	친구
one-room apartment	to live	we	friend

1) 헨드라 씨는 어느 나라 사람이에요?

2) 마지덥 씨는 무슨 학과 학생이에요?

3) 헨드라 씨, 마지덥 씨는 어디에 살아요?

어휘 2 - 대학 학과
Vocabulary 2 - University Department

◆ 여러분은 무슨 대학, 무슨 학과에서 공부해요? What is your campus name and your major?

저는 _____ 대학교

_____ 학과(전공)에서 공부해요.

어휘 연습
Vocabulary practice

1) 알맞은 어휘를 연결하세요.
Match the words with the pictures.

1) 한국 •　　　•

2) 중국 •　　　•

3) 베트남 •　　　•

4) 우즈베키스탄 •　　　•

2. 다음 문장에 알맞은 단어를 쓰세요.
Write the appropriate word for the following sentences.

| 나라 | 이름 | 학과 |
| 친구 | 유학생 | 기숙사 |

1) 저는 외국인 _____ 입니다.

2) 안녕하세요. 제 _____ 은 김민수입니다.

3) 어느 _____ 사람이에요?

4) 무슨 _____ 에서 공부해요?

5) 우리는 대학교 _____ 에 살아요.

6) 저는 한국인 _____ 가 많아요.

학과
department

문법 표현 1
Grammar expression 1

-입니까?/입니다　　-이에요/예요

| 명사 뒤에 붙어서 주제를 표현한다.
Attached after the noun to indicate the subject.

- **-입니까? / -입니다**
  - → 무엇**입니까**?　　책**입니다**.
  - → 이민수**입니까**?　　네, 이민수**입니다**.

- 받침 O + **-이에요**
  - → 무엇**이에요**?　　책**이에요**.
  - → 학생**이에요**?　　네, 학생**이에요**.

  받침 X + **-예요**
  - → 뭐**예요**?　　의자**예요**.
  - → 친구**예요**?　　네, 친구**예요**.

★ '-입니까?/입니다'는 공식적이고 격식적인 말하기, 발표에 사용한다.
  '-입니까?/입니다' is used for formal speaking and presentation.

  '-이에요/예요'는 일상 말하기, 대화에 사용한다.
  '-이에요/예요' is used for daily speaking and conversation.

  '-은/는'은 명사나 조사 등에서 붙어서 주제, 비교, 강조를 표현한다.
  '-은/는' refers to a subject, comparison, or emphasis attached to a noun or particle.

	-입니까?	-이에요/예요?		-입니다	-이에요/예요
무엇			가방		
어디			도서관		
누구			교수님		

누구 — who　　가방 — bag　　도서관 — library　　교수/교수님 — professor

연습 문제

다음 질문에 대답하세요.
Please answer the question.

1) 가 : 이것은 무엇입니까?

　　나 : 이것은 _____.

2) 가 : 어느 나라 사람이에요?

　　나 : 저는 _____.

문법 표현 2
Grammar expression 2

-에 살아요

| 장소 뒤에 붙어서 '사는 장소'라는 의미를 표현한다.
Attached after the place to express the meaning of 'place of living'.

- **-에 살아요**
    → 어디**에 살아요**?　　한국**에 살아요**. / 서울**에 살아요**. / 기숙사**에 살아요**.
    → 부산**에 살아요**?　　저는 부산**에 살아요**.

★ '-에 살아요'와 '-에서 살아요' 모두 사용할 수 있다.
You can use both '-에 살아요' and '-에서 살아요'.
    → 저는 한국에 살아요. = 저는 한국에서 살아요.

	-에 살아요?
어디	
서울	
기숙사	

	-에 살아요
한국	
원룸	
아파트	

서울　　　　　　　아파트
Seoul　　　　　　 apartment

연습 문제

<보기>와 같이 질문에 대답하세요.
Answer the questions as shown in <보기>.

> 보기
>
> 가 : 한국 어디에 살아요?   나 : 저는 <u>학교 기숙사에 살아요</u>.

1) 가 : 한국 어디에 살아요?

   나 : 저는 _____.

2) 가 : 친구하고 어디 _____?

   나 : 우리는 _____.

읽기
Reading

 다음 글을 읽고 맞으면 O, 틀리면 X 하세요.
Read the following article choose O if correct, choose X if wrong.

> 안녕하십니까. 저는 헨드라입니다. 인도네시아 사람입니다. 제 고향은 자카르타입니다. 저는 한국대학교 경영학과 1학년 학생입니다. 그리고 한국어를 처음 공부합니다. 한국어 초급반입니다.

1) 헨드라 씨는 인도네시아 사람입니다.

2) 헨드라 씨는 경영학과 대학생입니다.

3) 헨드라 씨는 한국어를 처음 공부합니다.

 다음을 읽고 물음에 대답하세요.
Read the following and answer the questions.

> 왕지홍 : 타오 씨는 고향이 어디예요?
> 타오　 : 제 고향은 베트남 하노이예요. 지홍 씨는요?
> 왕지홍 : 저는 상하이 사람이에요. 그래서 학교 기숙사에 살아요. 타오 씨는 어디에 살아요?
> 타오　 : 저는 친구와 같이 투룸에 살아요.

1) 왕지홍 씨는 어디에 살아요? Where does Wang Jihong live?

2) 읽은 내용과 맞는 것을 고르세요. Choose the correct answer for what you read.

　① 왕지홍 씨는 투룸에 살아요.
　② 왕지홍 씨는 한국 사람이에요.
　③ 타오 씨의 고향은 상하이예요.
　④ 타오 씨는 친구와 같이 살아요.

말하기, 쓰기
Speaking and Writing

1 **<보기>와 같이 친구와 대화하세요.**
Let's talk with friends like the example.

> 보기
>
> 가 : 이름이 무엇입니까?   나 : 저는 압둘라입니다.
>
> 가 : 무슨 학과예요?   나 : 한국어교육학과예요.

가	나
1) 이름이 무엇입니까?	
2) 무슨 학과예요?	
3) 어느 나라 사람이에요?	
4) 고향이 어디입니까?	
5) 어디에 살아요?	

2 **선생님에게 한글 문자를 보내요. 인사, 이름을 쓰세요.**
Send a message in Korean to the teacher. Write your name and greeting.

제4과
Unit 4

오늘 수업 끝나고 뭐 해요?

What do you do after class?

들어가기
Introduction

1. 학교에서 무엇을 해요?
   What do you do at school?

2. 주말에 뭐 해요?
   What do you do on weekends?

학습목표 Learning objectives	학교와 일상생활을 말할 수 있다.
주제 Topic	학교생활, 일상생활
사용 어휘 Vocabulary used	동사, 형용사
사용 문법 Grammar used	-(스)ㅂ니다, -아/어/여요, -고

대화 1
Dialogue 1

마지덥 : 헨드라 씨, 오늘 수업 끝나고 시간이 있어요?

헨드라 : 네, 오후에 시간이 있어요. 왜요?

마지덥 : 같이 밥 먹어요.

헨드라 : 좋아요. 밥을 먹고 쇼핑해요. 옷을 사고 싶어요.

마지덥 : 네, 수업 끝나고 강의실에서 만나요.

오늘	끝나다	시간이 있다	오후	쇼핑하다	사고 싶다
today	to finish	have time	P.M.	go shopping	to want to buy

1) 헨드라 씨는 오늘 수업이 있어요?

2) 헨드라 씨, 마지덥 씨는 오늘 뭐 해요?

어휘 1 - 동사
Vocabulary 1 - Verb

자다
to sleep

일어나다
get up

가다
to go

오다
to come

사다
to buy

보다
to see

먹다
to eat

쉬다
to rest

씻다
to wash

듣다
to listen

일하다
to work

공부하다
to study

운동하다
work out

청소하다
clean up

쇼핑하다
go shopping

좋아하다
to like

대화 2
Dialogue 2

교수님 : 여러분, 한국 생활이 어떻습니까?

'나의 한국 생활'에 대해 발표합니다.

타오 씨가 발표할까요?

타오 : 저는 한국 생활이 재미있고 좋습니다. 한국 음식도 맛있습니다.

매일 한국어 수업을 듣고 공부합니다.

그런데 한국어는 어렵습니다.

생활	어떻다	발표하다	-도	매일	그런데
daily life	how	give a presentation	also	everyday	but

1) 타오 씨의 한국 생활은 어때요?

2) 타오 씨는 한국어를 어떻게 공부해요?

어휘 2 - 형용사
Vocabulary 2 - Adjective

크다
big

작다
small

많다
a lot of

적다
few

쉽다
easy

어렵다
difficult

빠르다
fast/quick

느리다
slow

맛있다
delicious

맛없다
bland

재미있다
funny

재미없다
boring

편리하다
convenient

불편하다
inconvenient

좋다
good

힘들다
hard/tiring

어휘 연습
Vocabulary practice

1 알맞은 어휘를 연결하세요.
Match the correct vocabulary.

1) 가다 • • to sleep

2) 자다 • • to go

3) 맛있다 • • convenient

4) 편리하다 • • delicious

2. 다음 문장에 알맞은 단어를 쓰세요.
Write the appropriate word for the following sentences.

| 오늘 | 생활 | 먹어요 |
| 많아요 | 발표해요 | 재미있어요 |

1) 한국 드라마는 정말 _____.

2) 저는 _____ 친구와 약속이 있어요.

3) 저녁에 삼계탕을 _____.

4) 수업 시간에 한국 문화에 대해 _____.

5) 유학 _____ 은 어때요?

6) 도서관에 책이 정말 _____.

문법 표현 1
Grammar expression 1

-(스)ㅂ니다   -아/어/여요

| 동사, 형용사 뒤에 붙어서 동작, 상황, 상태를 표현한다.
  Attached after verbs and adjectives to express actions, situations, and states.

- 받침 O + -습니까?, -습니다
  - → 먹다 + -습니까? = 먹습니까?   → 먹다 + -습니다 = 먹습니다

  받침 X + -ㅂ니까?, -ㅂ니다
  - → 가다 + -ㅂ니까? = 갑니까?   → 가다 + -ㅂ니다 = 갑니다

- ㅏ, ㅗ + -아요
  - → 가다 + -아요 = 가요   → 오다 + -아요 = 와요

  ㅏ, ㅗ X + -어요
  - → 먹다 + -어요 = 먹어요   → 마시다 + -어요 = 마셔요

  하다 + -여요
  - → 공부하다 + -여요 = 공부하여요 → 공부해요

★ '-(스)ㅂ니까?, -(스)ㅂ니다'는 공식적이고 격식적인 말하기, 발표에 사용한다.
  '-(스)ㅂ니까?, -(스)ㅂ니다' is used for formal speaking and presentation.

'-아/어/여요'는 일상 말하기, 대화에 사용한다
  '-아/어/여요' is used for daily speaking and conversation.

'-을/를'은 명사 뒤, 동사 앞에 붙어서 문장의 목적어를 표현한다.
  '-을/를' refers to the object of a sentence by attaching it after a noun and before a verb.

	-습니까?	-습니다	-아/어/해요
* 듣다			
* 돕다			
* 만들다			

돕다
to help

만들다
to make

연습 문제

문장을 만드세요.
Complete the sentences.

1) 우리는 학교에서 _____.

2) 한국은 _____.

문법 표현 2
Grammar expression 2

-고

| 동사, 형용사 뒤에 붙어서 두 문장을 연결할 때 사용한다.
Attached after verbs and adjectives to connect two sentences.

- -고 (시간 순서)
    → 씻다 + -고 + 잠을 자다 = 씻고 잠을 자요.

- -고 (나열)
    → 맛있다 + -고 + 싸다 = 맛있고 싸요.
    → 나는 키가 크다 + -고 + 친구는 키가 작다 = 나는 키가 크고 친구는 키가 작아요.

★ 접속사 '그리고'와 의미가 같다.
  It has the same meaning as the conjunction '그리고'.
    → 우리는 밥을 먹어요. 그리고 커피를 마셔요. = 우리는 밥을 먹고 커피를 마셔요.

	-고
운동하다 + 씻다	
수업을 듣다 + 집에 가다	
옷이 싸다 + 예쁘다	

연습 문제

<보기>와 같이 질문에 대답하세요.
Answer the questions as shown in <보기>.

> **보기**
>
> 가 : 한국어 공부는 어때요?   나 : <u>재미있고 좋아요</u>.

1) 가 : 오늘 수업 끝나고 뭐 해요?

   나 : 오늘 _____.

2) 가 : 한국 생활이 어때요?

   나 : 한국 생활은 _____.

읽기
Reading

 다음 글을 읽고 맞으면 O, 틀리면 X 하세요.
Read the following article choose O if correct, choose X if wrong.

> 저는 대학교에서 경영학을 공부합니다. 매일 학교에 가서 수업을 듣습니다. 전공 수업은 조별 발표가 많습니다. 그래서 친구들과 도서관에서 발표를 준비합니다. 전공 수업은 재미있습니다.

1) 저는 경영학과 학생입니다. O X
2) 매일 학교 수업이 있습니다. O X
3) 저는 도서관에서 혼자 발표를 준비합니다. O X

 다음을 읽고 물음에 대답하세요.
Read the following and answer the questions.

> 타오 : 지홍 씨는 주말에 뭐 해요?
> 왕지홍 : 저는 토요일에 영어 스터디 모임에 가요.
> 일요일에는 청소하거나 등산 가요. 타오 씨는요?
> 타오 : 저도 등산을 좋아해요. 다음 주에 같이 산에 갈까요?
> 왕지홍 : 네, 좋아요. 같이 가요.

1) 두 사람은 다음 주에 무엇을 해요? What are they doing next week?

2) 읽은 내용과 맞는 것을 고르세요. Choose the correct answer for what you read.

　① 타오 씨는 등산을 좋아해요.
　② 왕지홍 씨는 일요일에 공부해요.
　③ 왕지홍 씨는 토요일에 청소해요.
　④ 두 사람은 같이 영어를 공부해요.

말하기, 쓰기
Speaking and Writing

1 **<보기>와 같이 친구와 대화하세요.**
Let's talk with friends like the example.

> 보기
>
> 가 : 지금 무엇을 해요?　　　나 : 지금 공부해요.
>
> 가 : 주말에 뭐 해요?　　　　나 : 주말에 집에서 쉬어요.

가	나
1) 강의실에서 뭐 해요?	
2) 도서관에서 뭐 해요?	
3) 수업 끝나고 뭐 해요?	
4) 친구와 같이 무엇을 해요?	
5) 한국어 공부가 어때요?	
6) 한국 생활이 어때요?	

제5과
Unit 5

생일이 몇 월 며칠이에요?

When is your birthday?

들어가기 / Introduction

1. 생일이 언제예요? 몇 월 며칠이에요?
   When is your birthday? What's the date?

2. 몇 시에 수업을 시작해요? 몇 시에 수업이 끝나요?
   What time does the class start? What time does the class end?

학습목표 / Learning objectives — 숫자를 알고 날짜, 시간을 말할 수 있다.

주제 / Topic — 숫자, 날짜, 시간

사용 어휘 / Vocabulary used — 한자어 숫자1, 고유어 숫자2

사용 문법 / Grammar used — -에, -(으)ㄹ게요

대화 1
Dialogue 1

마지덥 : 헨드라 씨, 내일 제 생일 파티를 해요. 장소를 문자로 보낼게요. 휴대폰 전화번호가 몇 번이에요?

헨드라 : 생일 축하해요. 제 전화번호는 010-1234-5678이에요.

마지덥 : 고마워요. 헨드라 씨는 생일이 몇 월 며칠이에요?

헨드라 : 저는 10월 9일이에요.

마지덥 : 그날도 같이 생일 파티해요.

내일	생일	문자	보내다	전화번호	축하하다
tomorrow	birthday	text message	to send	phone number	to celebrate

1) 마지덥 씨는 내일 뭐 해요?

2) 헨드라 씨의 전화번호는 몇 번이에요?

3) 헨드라 씨의 생일은 몇 월 며칠이에요?

어휘 1 - 숫자1 (한자어 : 전화번호, 년, 월, 일, 분, 돈)

Vocabulary 1 - Number 1 (Sino-Korean: Phone numbers, years, months, days, minutes, money)

대화 2
Dialogue 2

조교 : 왕지홍 씨, 오늘 수업이 있어요?

왕지홍 : 네, 오전에 전공 수업이 있고 오후에 교양 수업이 있어요.

조교 : 수업이 몇 시에 끝나요?

왕지홍 : 4시에 끝나요.

조교 : 그럼, 수업 끝나고 학과 사무실에서 잠깐 만나요.

왕지홍 : 네, 4시에 갈게요.

조교	오전	전공	교양	학과 사무실	잠깐
assistant	A.M.	major	liberal arts	department office	for a moment

1) 왕지홍 씨는 수업이 몇 시에 끝나요?

2) 왕지홍 씨는 수업이 끝나고 어디에 가요?

어휘 2 - 숫자2 (고유어 + 단위명사 : 시, 개수, 나이)

Vocabulary 2 - Number 2 (Native Korean + measure words: hours, amount, ages)

| 하나 one | 둘 two | 셋 three | 넷 four | 다섯 five |
| 한 개 | 두 개 | 세 개 | 네 개 | |

| 여섯 six | 일곱 seven | 여덟 eight | 아홉 nine | 열 ten |

20	21	30
스물	스물하나	서른
스무 개	스물한 개	

| 시 | 시간 |
| time(o'clock) | hour(unit of time) |

| 개 | 명 | 병 | 권 |
| pieces(unit of things) | unit of person | bottle | unit of books |

어휘 연습
Vocabulary practice

1 다음 빈칸에 알맞은 것을 쓰세요.
Write the appropriate word for the following calendar and time.

202X년 5 1)_____

	월요일	화요일	수요일	목요일	금요일	토요일	일요일
2)_____		1	2	3	4	5	6
이번 주	7	8	9 4)_____	10 오늘	11 5)_____	12	13
3)_____	14	15	16	17	18	19	20

6) 오전 한 시 _____

7) 14:05 오후 _____ 오 분

8) _____

9) 16:50 _____

| 월요일 | 화요일 | 수요일 | 목요일 |
| Monday | Tuesday | Wednesday | Thursday |

| 금요일 | 토요일 | 일요일 | 오후 |
| Friday | Saturday | Sunday | P.M. |

다음 문장에 알맞은 단어를 쓰세요.
Write the appropriate word for the following sentences.

| 언제 | 오전 | 며칠 |
| 요일 | 끝나요 | 시작해요 |

1) 생일이 몇 월 _____ 이에요?

2) 오늘 _____ 에 전공 수업이 있어요.

3) 무슨 _____ 에 발표해요?

4) _____ 고향 집에 가요?

5) 한국어 수업은 몇 시에 _____?

6) 전공 수업은 2시에 시작해요. 그리고 4시에 _____.

문법 표현 1
Grammar expression 1

-에

| 명사에 붙어서 시간, 날짜, 장소 의미를 표현한다.
  It is attached to a noun to express the meaning of time, date, and place.

- **-에** (시간)
    → 몇 시**에** 만나요?   2시**에** 만나요.
    → 5월 1일**에** 쇼핑해요.
    → 월요일**에** 공부해요.

- **-에** (장소)
    → 한국**에** 있어요. / 학교**에** 가요. / 언제 고향**에** 가요?
    '-에 있어요/없어요', '-에 가요/와요' 형태로 많이 사용한다.

	(시간)-에		(장소)-에 있어요/없어요/가요
2시		식당	
토요일		도서관	
다음 주		사무실	

사무실
office

연습 문제

<보기>와 같이 질문에 대답하세요.
Answer the questions as shown in <보기>.

> **보기**
>
> 가 : 몇 시에 수업이 있어요?   나 : <u>11시에 수업이 있어요.</u>

1) 가 : 언제 고향에 가요?

    나 : 저는 _____.

2) 가 : 친구는 어디에 있어요?

    나 : 친구는 지금 _____.

문법 표현 2
Grammar expression 2

-(으)ㄹ게요

| 말하는 사람이 무엇을 할 의지를 알리거나 약속할 때 사용한다.
It is used to inform or promise what the speaker is willing to do.

- 받침 O + -을게요
  - → 먹다 + -을게요 = 먹을게요
  - → 찾다 + -을게요 = 찾을게요

  받침 X + -ㄹ게요
  - → 가다 + -ㄹ게요 = 갈게요
  - → 공부하다 + -ㄹ게요 = 공부할게요

- * 듣다 = 들을게요 / 살다 = 살게요 / 만들다 = 만들게요

★ 주어는 '나는, 저는, 우리는' 사용한다.
We used '나는, 저는, 우리는' as the subject.

	-을게요		-ㄹ게요
닫다		가다	
* 듣다		대답하다	
* 살다		전화하다	

연습 문제

<보기>와 같이 질문에 대답하세요.
Answer the questions as shown in <보기>.

보기

가 : 조금만 기다려 주세요.   나 : 네, 제가 <u>기다릴게요</u>.

1) 가 : 왜 이렇게 늦었어요?

   나 : 미안해요. 앞으로 안 _____.

2) 가 : 운전 좀 가르쳐 주세요.

   나 : 네, 제가 _____.

읽기
Reading

 다음 글을 읽고 맞으면 O, 틀리면 X 하세요.
Read the following article choose O if correct, choose X if wrong.

> 저는 아침 7시에 일어납니다. 씻고 7시 30분에 아침을 먹습니다. 그리고 8시 20분에 학교에 갑니다. 오전 수업은 9시부터 11시까지 있습니다. 학교에서 점심을 먹습니다. 오후 2시에 전공 수업을 듣습니다. 수업은 4시에 끝납니다.

1) 저는 아침 7시 30분에 아침을 먹습니다.

2) 오전에 학교 수업이 없습니다.

3) 오후 수업은 두 시에 끝납니다.

 다음을 읽고 물음에 대답하세요.
Read the following and answer the questions.

> 타오 : 안녕하세요. 사과, 수박은 얼마예요?
> 점원 : 사과는 다섯 개에 3,000원이고 수박은 한 통에 15,000원이에요.
> 타오 : 사과 다섯 개하고 수박 한 통 주세요.
> 점원 : 네, 18,000원이에요. 카드, 현금 모두 계산됩니다.
> 타오 : 카드로 계산할게요.

1) 타오 씨는 무엇을 샀어요? *What did Tao buy?*

2) 읽은 내용과 맞는 것을 고르세요. *Choose the correct answer for what you read.*

　① 타오 씨는 수박 두 통을 사요.
　② 타오 씨는 현금으로 계산해요.
　③ 타오 씨는 지금 카드가 없어요.
　④ 사과는 다섯 개 3,000원이에요.

말하기, 쓰기
Speaking and Writing

 <보기>와 같이 친구와 대화하세요.
Let's talk with friends like the example.

> 보기
>
> 가 : 언제 고향에 가요?   나 : 7월에 고향에 가요.
>
> 가 : 누가 청소해요?   나 : 제가 청소할게요.

가	나
1) 생일이 언제예요?	
2) 수업을 몇 개 들어요?	
3) 학번이 몇 번이에요?	
4) 몇 시에 친구를 만나요?	
5) 주말에 어디에 가요?	
6) 제가 자료를 찾을게요. 누가 발표해요?	

제6과
Unit 6

시장에 과일을 사러 가요.
I'm going to buy fruits in the market.

 **들어가기** Introduction

1. 학교 안에서 무엇을 해요?
   What do you do in school?

2. 여러분은 어디에 자주 가요? 그곳에 왜 가요?
   Where do you go often? Why?

 학습목표 Learning objectives	장소에 따라 하는 행동을 말할 수 있다.
 주제 Topic	장소, 위치
 사용 어휘 Vocabulary used	장소, 위치, 방향
 사용 문법 Grammar used	-에서, -(으)러 가요

대화 1
Dialogue 1

왕지홍 : 헨드라 씨, 어디에 가요?

헨드라 : 도서관에 숙제하러 가요.

왕지홍 : 저도 같이 가요. 우리 숙제하고 시장에 장 보러 갈래요?

헨드라 : 그래요. 시장에서 뭐 사요?

왕지홍 : 시장에서 과일하고 고기 좀 사려고요.

시장 안에 맛있는 식당도 많으니까 저녁도 먹어요.

장을 보다	과일	고기	맛있는 식당	저녁
do the grocery shopping	fruit	meat	famous restaurant	dinner

1) 헨드라 씨는 도서관에서 무엇을 해요?

2) 두 사람은 어디, 어디에 가요?

3) 두 사람은 시장에 왜 가요?

어휘 1 - 장소
Vocabulary 1 - Place

교양 한국어 | 제6과 시장에 과일을 사러 가요.

집
house

식당
restaurant

백화점
department store

마트 / 슈퍼
supermarket

시장
market

가게
store

우체국
post office

미용실 / 헤어숍
hair shop, hair salon

학교
school

도서관
library

학과 사무실
department office

연구실
professor's office/laboratory

복사실
the copy room

서점
book store

운동장
playground; sports field

정문
main gate

대화 2
Dialogue 2

마지덥: 선생님, 저는 발표 자료를 복사하고 싶어요. 복사실이 어디에 있어요?

선생님: 학교 안에 복사실은 많아요. 도서관 1층, 학생회관 지하 1층, 학생 식당 앞에도 있어요.

마지덥: 감사합니다. 그리고 우체국은 어디에 있어요?

선생님: 학생회관 1층에 있어요. 우체국에는 왜 가요?

마지덥: 고향에 택배를 보내러 가요.

자료	복사하다	학생회관	지하	고향	택배
material	to copy	student hall	basement	hometown	parcel delivery service; home-delivery service

1) 마지덥 씨는 어디에 가요?

2) 복사실은 학교 어디에 있어요?

3) 마지덥 씨는 우체국에 왜 가요?

어휘 2 - 위치, 방향
Vocabulary 2 - Location, Direction

| 안 inside | 밖 outside | 앞 front | 뒤 back |

| 위 above | 아래/밑 below/under | 오른쪽 right | 왼쪽 left |

| 가운데 among | 사이 between | 옆 next to | 근처 near |

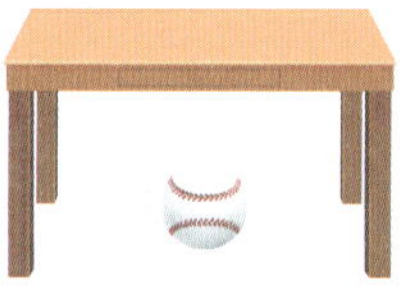

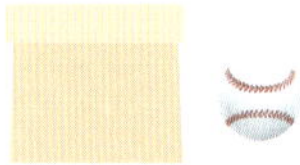

북 north
서 west 
동 east
남 south

어휘 연습
Vocabulary practice

1 알맞은 어휘를 연결하세요.
Match the correct vocabulary.

1) 옆 •　　　　• above

2) 뒤 •　　　　• outside

3) 밖 •　　　　• next to

4) 위 •　　　　• back

다음 문장에 알맞은 단어를 쓰세요.
Write the appropriate word for the following sentences.

| 안 | 근처 | 남쪽 |
| 시장 | 운동장 | 연구실 |

---

1) 냉장고 _____ 에 우유가 있어요.

2) 학교 _____ 에서 친구들과 축구를 해요.

3) 제주도는 한국 _____ 에 있어요.

4) 교수님 _____ 에 가서 교수님을 만나요.

5) 집 _____ 에 지하철역이 있어서 편리해요.

6) 동대문 _____ 에는 물건이 다양하고 싸요.

문법 표현 1
Grammar expression 1

-에서

| 장소에서 행동하는 것을 표현한다.
It expresses the action in a place.

- **-에서**
  → 집**에서** 밥을 먹어요. / 학교**에서** 공부해요. / 한국**에서** 여행해요.

★ '-에'는 존재, 목적지(도착지)를 표현한다. → '-에 있어요/없어요', '-에 가요/와요'
'-에' expresses existence, destination(place to go).   'I'm at/ not at', 'I go to/ I come to'

'-에서'는 장소에서 하는 행동을 표현한다. → '-에서 + 행동 동사'
'-에서' expresses the action in a place.   '-에서 + action verbs'

	-에 가요	-에서 + V
집		
학교		
백화점		

연습 문제

<보기>와 같이 질문에 대답하세요.
Answer the questions as shown in <보기>.

<보기>

가 : 학교에서 무엇을 해요?　　　　나 : 학교에서 수업을 들어요.

1) 가 : 주말에 집에서 무엇을 해요?

　　나 : 저는 _____.

2) 가 : 친구들과 함께 부산에서 뭐 해요?

　　나 : 우리는 _____.

문법 표현 2
Grammar expression 2

-(으)러 가요

| 장소에 가는 목적, 이유를 표현한다. 장소에서 어떤 행동을 하는 것을 표현한다.
The purpose of going to a place, indicates the reason. It expresses an action in a place.

- 받침 O + -으러 가요
  - → 먹다 + -으러 가요 = 먹으러 가요
  - → 찾다 + -으러 가요 = 찾으러 가요

  받침 X + -러 가요
  - → 보다 + -러 가요 = 보러 가요
  - → 공부하다 + -러 가요 = 공부하러 가요

★ '오러 가다, 가러 가요'는 사용하지 않는다.
We don't use '오러 가다, 가러 가요'.

	-으러 가요		-러 가요
받다		만나다	
* 듣다		사다	
* 만들다		놀다	

받다 — to receive
놀다 — to play

연습 문제

<보기>와 같이 질문에 대답하세요.
Answer the questions as shown in <보기>.

> 보기
>
> 가 : 도서관에 왜 가요?   나 : 도서관에 <u>공부하러 가요</u>.

1) 가 : 백화점에 뭐 하러 가요?

   나 : 저는 백화점에 _____.

2) 가 : 한국에 왜 왔어요?

   나 : 저는 한국에 _____.

읽기
Reading

1. 다음 글을 읽고 맞으면 O, 틀리면 X 하세요.

> 가족이 내일 한국에 여행을 옵니다. 그래서 저는 가족을 만나러 공항에 갑니다. 우리는 서울 경복궁과 명동에 갈 겁니다. 경복궁에서 한복을 입고 사진을 많이 찍을 겁니다. 그리고 명동에 쇼핑하러 갈 겁니다. 맛있는 음식도 먹으러 갑니다.

1) 저는 내일 공항에서 친구를 만납니다. O X
2) 우리는 경복궁에서 한복을 입을 겁니다. O X
3) 명동에서 쇼핑하고 밥을 먹으러 갑니다. O X

2. 다음을 읽고 물음에 대답하세요.

> 마지덥 : 타오 씨, 토요일에 우리 집에 밥 먹으러 오세요.
> 타오 : 좋아요. 어떻게 가요?
> 마지덥 : 학교 정문 왼쪽에 은행이 있어요. 은행 뒤 5층 건물이에요. 502호예요.
> 타오 : 학교에서 가깝네요. 제가 과일을 사 갈게요.
> 마지덥 : 고마워요.

1) 마지덥 씨 집은 몇 층이에요?

2) 읽은 내용과 맞는 것을 고르세요.

   ① 마지덥 씨는 과일을 사요.
   ② 마지덥 씨는 타오 씨 집에 가요.
   ③ 마지덥 씨 집은 학교와 가까워요.
   ④ 타오 씨는 은행 뒤 건물에 살아요.

말하기, 쓰기
Speaking and Writing

 <보기>와 같이 친구와 대화하세요.
Let's talk with friends like the example.

> **보기**
>
> 가 : 도서관에서 뭐 해요?　　나 : 도서관에서 책을 읽어요
>
> 가 : 은행에 왜 가요?　　나 : 은행에 돈을 찾으러 가요.

가	나
1) 서울에서 뭐 해요?	
2) 백화점에서 무엇을 해요?	
3) _____에서 무엇을 해요?	
4) 시장에 왜 가요?	
5) _____에 뭐 하러 가요?	

제7과
Unit 7

무엇을 먹었어요?
뭐 먹고 싶어요?

What did you eat? What do you want to eat?

들어가기 Introduction	1. 한국 어디에 갔어요? 무슨 한국 음식을 먹었어요? Where have you been in Korea? What Korean food did you eat? 2. 한국에서 무엇을 하고 싶어요? 무엇을 먹고 싶어요? What do you want to do in Korea? What do you want to eat?
학습목표 Learning objectives	과거 경험과 하고 싶은 것을 말할 수 있다.
주제 Topic	과거 경험, 희망
사용 어휘 Vocabulary used	장소와 동사, 음식, 맛
사용 문법 Grammar used	-았/었/였어요, -고 싶어요

대화 1
Dialogue 1

선생님 : 여러분, 주말 잘 보냈어요? 헨드라 씨는 무엇을 했어요?

헨드라 : 고향 친구가 와서 같이 놀았어요.

선생님 : 친구와 같이 뭐 했어요?

헨드라 : 토요일에 박물관에 가고 갈비탕을 먹었어요.

그리고 일요일에는 극장에서 영화를 봤어요. 정말 재미있었어요.

선생님 : 헨드라 씨와 친구는 즐거운 경험을 했네요.

잘 보내다	갈비탕	극장	영화	즐겁다	경험/경험하다
have a good time	Galbitang	theater	movie	pleasant	experience/to experience

1) 헨드라 씨는 주말에 누구를 만났어요?

2) 헨드라 씨는 토요일에 무엇을 했어요?

3) 헨드라 씨는 일요일에 무엇을 했어요?

어휘 1 - 장소와 동사
Vocabulary 1 - Place & Verb

박물관
museum

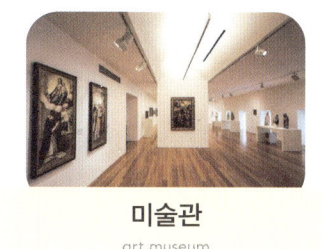
미술관
art museum

공연장
concert hall

놀이공원
amusement park

산
mountain

바다
ocean

여행하다
to travel

구경하다
look around/sightsee

관람하다
to see/watch

사진 찍다
take a picture

산책하다
take a walk

수영하다
to swim

대화 2
Dialogue 2

마지덥 : 저는 된장찌개 먹고 싶어요. 타오 씨는 뭐 먹고 싶어요?

타오 : 저는 김치볶음밥을 먹고 싶어요. 제가 주문할게요.

사장님, 된장찌개 하나, 김치볶음밥 하나 주세요.

김치볶음밥은 매워요?

사장님 : 조금 매워요. 안 맵게 가능해요.

타오 : 그럼, 안 맵게 해 주세요.

사장님 : 네, 물과 반찬은 셀프입니다.

된장찌개
doen-jang-jji-gae

김치볶음밥
kimchi fried rice

시키다/주문하다
to order

가능하다
possible

안 맵게 하다
make it less spicy

셀프
self-service

---

1) 식당에서 누가 주문해요?

2) 두 사람은 무엇을 먹어요?

3) 타오 씨는 김치볶음밥을 맵게 먹어요?

어휘 2 - 음식, 맛
Vocabulary 2 - Food, Taste

밥
rice

국 / 찌개
soup / stew

반찬
side dish

숟가락
spoon

젓가락
chopsticks

맵다
spicy

짜다
salty

달다
sweet

시다
sour

쓰다
bitter

어휘 연습
Vocabulary practice

1 알맞은 어휘를 연결하세요.
Match the correct vocabulary.

1) 박물관 • • side dish

2) 반찬 • • museum

3) 맵다 • • spicy

4) 주문하다 • • to order

2 다음 문장에 알맞은 단어를 쓰세요.
Write the appropriate word for the following sentences.

| 바다 | 젓가락 | 놀이공원 |
| 짜요 | 산책해요 | 등산해요 |

1) 저는 매일 공원에서 _____.

2) 부산은 _____ 가 있어서 해산물이 많아요.

3) 김치찌개 맛이 조금 맵고_____.

4) 제주도에 가면 한라산 _____고 싶어요.

5) 한국 사람들은 반찬을 _____으로 먹어요.

6) 주말에 _____에서 놀이기구를 타고 놀았어요.

해산물
seafood

문법 표현 1
Grammar expression 1

-았/었/였어요

| 동사, 형용사 뒤에 붙어서 과거를 표현한다.
Attached after verbs and adjectives to express the past.

- ㅏ, ㅗ + -았어요
  → 가다 + -았어요 = 가았어요 → 갔어요

- ㅏ, ㅗ X + -었어요
  → 먹다 + -었어요 = 먹었어요

하다 + -였어요
  → 공부하다 + -였어요 = 공부하였어요 → 공부했어요

★ '-아/어/여 봤어요'는 과거 경험을 강조하는 표현한다.
'-아/어/여 봤어요' is an expression that emphasizes past experiences.
  → 제주도에 가 봤어요? / 저는 김치를 먹어 봤어요.

	-았어요
보다	
찾다	
좋다	

	-었어요
마시다	
예쁘다	
* 듣다	

	했어요
청소하다	
운동하다	
좋아하다	

연습 문제

<보기>와 같이 질문에 대답하세요.
Answer the questions as shown in <보기>.

> **보기**
>
> 가 : 어제 무엇을 했어요?   나 : <u>어제 집에서 쉬었어요</u>.

1) 가 : 지난 주말에 뭐 했어요?

   나 : 저는 _____.

2) 가 : 한국에서 무슨 음식을 먹었어요?

   나 : _____.

문법 표현 2
Grammar expression 2

-고 싶어요

> 동사 뒤에 붙어서 희망, 원하는 마음을 표현한다.
> Attach after verbs to indicate hopes and desire.
>
> - **-고 싶어요** (미래)
>   - → 먹다 + **-고 싶어요** = 먹고 싶어요
>   - → 가다 + **-고 싶어요** = 가고 싶어요
>
> - **-고 싶었어요** (과거 희망)
>   - → 가다 + **-고 싶었어요** = 가고 싶었어요
>
> ★ 다른 사람의 희망을 표현할 때는 '-고 싶어 해요'를 사용한다.
> When expressing other people's hopes, we used '-고 싶어 해요'.
>   - → 친구는 여행을 가고 싶어 해요.

	-고 싶어요
보다	
만들다	
운동하다	

	-고 싶었어요
찾다	
만나다	
공부하다	

연습 문제

<보기>와 같이 질문에 대답하세요.
Answer the questions as shown in <보기>.

> **보기**
>
> 가 : 어디에 가고 싶어요?   나 : <u>제주도에 가고 싶어요</u>.

1) 가 : 방학에 뭐 하고 싶어요?

   나 : 저는 방학에 _____.

2) 가 : 대학교를 졸업하면 무엇을 하고 싶습니까?

   나 : 저는 _____.

읽기
Reading

1. 다음 글을 읽고 맞으면 O, 틀리면 X 하세요.

> 오늘 저는 친구를 만났습니다. 우리는 집 앞에서 버스를 타고 광안리에 갔습니다. 바다를 보러 갔습니다. 광안리 바다는 정말 아름다웠습니다. 그리고 점심에 비빔밥을 먹고 커피숍에서 커피를 마셨습니다.

1) 저는 혼자 버스를 탔습니다.   O X
2) 우리는 점심에 비빔밥을 먹었습니다.   O X
3) 광안리 커피숍에서 커피를 마셨습니다.   O X

2. 다음을 읽고 물음에 대답하세요.

> 왕지홍 : 타오 씨는 한국 음식을 잘 먹어요?
> 타오 : 네, 김치찌개와 불고기, 잡채, 떡볶이 다 잘 먹어요.
> 왕지홍 : 저도 불고기와 잡채를 좋아해요. 정말 맛있죠.
> 타오 : 저는 한국 요리 방법을 배웠어요. 우리 같이 만들어요.
> 왕지홍 : 좋아요. 저는 불고기를 만들고 싶어요.

1) 타오 씨는 무슨 음식을 좋아해요? *What kind of food do you like, Tao?*

2) 읽은 내용과 맞는 것을 고르세요. *Choose the correct answer for what you read.*

① 왕지홍 씨는 김치찌개를 좋아해요.
② 두 사람은 함께 잡채를 만들었어요.
③ 타오 씨는 한국 요리 방법을 알아요.
④ 왕지홍 씨는 떡볶이를 만들고 싶어 해요.

말하기, 쓰기
Speaking and Writing

 <보기>와 같이 친구와 대화하세요.
Let's talk with friends like the example.

> **보기**
>
> 가 : 어제 뭐 했어요?　　　　나 : 어제 친구를 만났어요.
>
> 가 : 내일 뭐 하고 싶어요?　　나 : 내일 영화를 보고 싶어요.

가	나
1) 어제 뭐 했어요?	
2) 고향에서 어디에 살았어요?	
3) 한국에서 뭐 샀어요?	
4) 어디에 여행을 갔어요?	
5) 주말에 뭐 하고 싶어요?	

제8과
Unit 8

저는 기숙사에서 룸메이트와 같이 살아요.

I live in the dormitory with my roommate.

들어가기 / Introduction

1. 지금 어디에서 살고 있어요?
   Where do you live now?

2. 지금 집이 무엇이 좋고, 무엇이 안 좋아요?
   What's good and bad about the house?

학습목표 Learning objectives	기숙사 생활에 대해 알고 말할 수 있다.
주제 Topic	기숙사 생활
사용 어휘 Vocabulary used	기숙사, 기숙사 생활 규칙
사용 문법 Grammar used	-았/었/였으면 좋겠어요, -(으)면 안 돼요

대화 1
Dialogue 1

선생님 : 왕지홍 씨는 어디에 살아요?

왕지홍 : 저는 기숙사에서 룸메이트와 같이 살아요.

선생님 : 기숙사는 어때요?

왕지홍 : 편리하고 좋아요. 그런데 음식 때문에 조금 힘들어요. 직접 요리할 수 있으면 좋겠어요.

선생님 : 그렇군요. 요리하고 싶으면 다음에 이사하세요.

룸메이트	때문에	힘들다	직접
roommate	because	hard/tiring	direct
요리하다	다음	이사하다	
to cook	next time	move out	

1) 왕지홍 씨는 어디에 살아요?

2) 왕지홍 씨는 기숙사 생활이 왜 힘들어요?

3) 선생님은 왕지홍 씨에게 다음 학기에 무엇을 하라고 해요?

어휘 1 - 기숙사
Vocabulary 1 - Dormitory

방
room

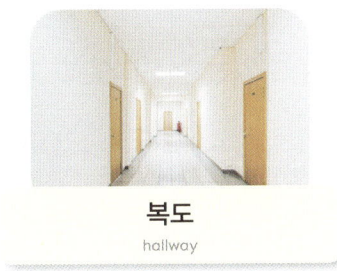
복도
hallway

출입문
entrance

세탁실
laundry room

샤워실
shower room

체력 단련실
fitness room

외부인
visitor

사감 선생님
housemaster

관리인
janitor

출입 금지
no entry

대화 2
Dialogue 2

헨드라 : 사감 선생님, 여기 외출증이에요.

사감 : 기숙사 규칙에 통금 시간 있는 거 알죠? 밤 11시 넘지 마세요.

헨드라 : 네, 알겠습니다.

사감 : 그리고 헨드라 씨, 지금 벌점이 많이 쌓였네요. 벌점 조심하세요. 벌점이 계속 쌓이면 퇴사예요.

헨드라 : 네, 알겠습니다. 선생님.

외출증	규칙	통금 시간	벌점
pass	regulation	curfew	penalty points
쌓이다	조심하다	퇴사	
to pile up	be careful	resignation	

---

1) 기숙사 통금 시간은 몇 시예요?

2) 벌점이 쌓이면 어떻게 돼요?

어휘 2 - 기숙사 생활 규칙

Vocabulary 2 - Dormitory Regulations

1. 쓰레기는 분리수거합니다.
   Trash is thrown separately.

2. 외부인은 출입 금지입니다.
   Outsiders are off-limits.

3. 통금 시간을 어기지 마십시오.
   Do not break the curfew.

4. 시설물을 파손하면 배상해야 합니다.
   Any damage to the facility must be compensated.

5. 한 달에 한 번씩 방 위생 상태를 점검합니다.
   Room hygiene is checked once a month.

6. 밤 11시 이후에는 조용히 하고 서로 배려합니다.
   Show your consideration for others by being quiet after 11pm.

7. 생활 수칙을 지키지 않으면 퇴사당할 수 있습니다.
   Failure to follow the rules might result in forced checkout.

어휘 연습
Vocabulary practice

1 알맞은 어휘를 연결하세요.
Match the correct vocabulary.

1) 샤워실 • • shower room

2) 세탁실 • • entrance

3) 출입문 • • laundry room

4) 복도 • • hallway

다음 문장에 알맞은 단어를 쓰세요.
Write the appropriate word for the following sentences.

| 규칙 | 벌점 | 퇴사 |
| 시설물 | 분리수거 | 이사하다 |

1) 기숙사에서 잘 지내려면 _____을 잘 지켜야 해요.

2) 어제 통금 시간보다 늦게 들어와서 _____을 받았어.

3) 다음 학기에 학교 근처 집으로 _____고 싶어요.

4) 쓰레기를 버릴 때 재활용품은 _____를 해야 해요.

5) 기숙사에서 _____을 파손할 경우 배상해야 해요.

6) 벌점이 너무 많이 쌓이면 기숙사에서 _____를 당할 수 있어요.

문법 표현 1
Grammar expression 1

-았/었/였으면 좋겠어요

| 동사, 형용사 뒤에 붙어서 희망이나 바람을 표현한다.
Attached after verbs and adjectives to indicate hope or wish.

- ㅏ, ㅗ + -았으면 좋겠어요
  → 가다 + -았으면 좋겠어요 = 갔으면 좋겠어요

  ㅏ, ㅗ X + -었으면 좋겠어요
  → 먹다 + -었으면 좋겠어요 = 먹었으면 좋겠어요

  하다 + -였으면 좋겠어요
  → 공부하다 + -였으면 좋겠어요 = 공부하였으면 좋겠어요 → 공부했으면 좋겠어요

★ 과거형 없이 '-(으)면 좋겠어요'의 형태도 사용된다.
We also use this form '-(으)면 좋겠어요' for past tense.

	-았으면 좋겠어요
보다	
찾다	
좋다	

	-었으면 좋겠어요
마시다	
예쁘다	
* 듣다	

	했으면 좋겠어요
청소하다	
운동하다	
좋아하다	

120

연습 문제

<보기>와 같이 문장을 만드세요.
Make a sentence as shown in <보기>.

> 보기
>
> 오늘은 너무 피곤해요. 집에서 <u>쉬었으면 좋겠어요</u>.
> (쉬다)

1) 저는 내년에 졸업해요. 좋은 회사에 _____.
(취직되다)

2) 친구 생일 선물을 샀습니다. 친구가 _____.
(좋아하다)

문법 표현 2
Grammar expression 2

-(으)면 안 돼요

| 동사 뒤에 붙어서 금지를 표현한다.
  Attach after verbs to indicate prohibition

- 받침 O + **-으면 안 돼요**

    → 먹~~다~~ + **-으면 안 돼요** = 먹**으면 안 돼요**

    받침 X + **-면 안 돼요**

    → 보~~다~~ + **-면 안 돼요** = 보**면 안 돼요**

★ 금지를 나타내는 표현으로 '-지 마세요'도 사용할 수 있다.
'-지 마세요' can also be used as an expression to indicate prohibition.

→ 먹으면 안 돼요. = 먹지 마세요.

'-지 마세요'의 반대표현은 '-(으)세요' 명령형이다.
The opposite expression of '-지 마세요' is '-(으)세요' (imperative).

→ 가지 마세요. ↔ 가세요.

	-으면 안 돼요
잡다	
입다	
* 듣다	

	-면 안 돼요
가다	
쉬다	
운동하다	

연습 문제

<보기>와 같이 질문에 대답하세요.
Answer the questions as shown in <보기>.

> **보기**
>
> 가 : 이 쓰레기를 여기 버려도 돼요?
>
> 나 : 아니요, <u>여기 버리면 안 돼요</u>.

1) 가 : 아침 일찍 전화해도 돼요?

   나 : 아니요, _____.

2) 가 : 내일 선생님 집으로 가도 돼요?

   나 : 아니요, _____.

읽기
Reading

1. 다음 글을 읽고 맞으면 O, 틀리면 X 하세요.

> 저는 학교 기숙사에 삽니다. 룸메이트와 같이 방을 사용합니다. 제 룸메이트는 케냐 사람입니다. 친절하고 예쁩니다. 우리는 기숙사 식당에서 밥을 먹고 체력 단련실에서 운동합니다. 샤워실은 1층에 있고 세탁실은 2층에 있습니다. 우리 기숙사는 편리하고 좋습니다.

1) 저는 혼자 기숙사에서 삽니다. O X
2) 기숙사 샤워실은 2층에 있습니다. O X
3) 기숙사에는 체력 단련실이 없습니다. O X

2. 다음을 읽고 물음에 대답하세요.

> 타오 : 이사한 집이 아주 좋네요. 방도 넓고 깨끗해요. 집을 어떻게 찾았어요?
> 마지덥 : 부동산에 가서 알아봤어요. 중개인 아저씨가 싸고 좋은 집을 찾아 줬어요.
> 타오 : 정말요? 저도 이사하고 싶어요. 그 부동산을 소개해 주세요.

1) 마지덥 씨가 이사한 집은 어때요?

2) 읽은 내용과 맞는 것을 고르세요.

① 타오 씨는 이사했어요.
② 두 사람은 지금 같이 살아요.
③ 마지덥 씨는 기숙사에 살아요.
④ 마지덥 씨는 부동산에서 집을 찾았어요.

말하기, 쓰기
Speaking and Writing

1 **<보기>와 같이 친구와 대화하세요.**
Let's talk with friends like the example.

> **보기**
>
> 가 : 어디에 살아요?   나 : 저는 학교 밖 원룸에서 살아요.

가	나
1) 지금 어디에 살아요? (기숙사, 원룸, 투룸 …)	
2) 지금 집은 어때요?	
3) 어디에서 살면 좋겠어요?	
4) 한국에서 무엇을 하면 좋겠습니까?	
5) 강의실에서 무엇을 하면 안 돼요?	
6) 극장에서 무엇을 하면 안 됩니까?	

제9과
Unit 9

도서관은 어떻게 이용해요?
How do you use the library?

들어가기 / Introduction

1. 도서관은 어디에 있어요?
   Where is the library?

2. 도서관에서는 무엇을 하면 안 돼요?
   What can't be done in the library?

학습목표 Learning objectives	도서관 이용 방법과 수강 신청 방법을 알 수 있다.
주제 Topic	도서관 이용 방법
사용 어휘 Vocabulary used	도서관 출입, 이용, 대출, 반납
사용 문법 Grammar used	-아/어/여야 돼요/해요, -(으)니까

대화 1
Dialogue 1

타오 : 지홍 씨, 도서관에 가고 싶은데 어떻게 들어가요?

왕지홍 : 1층 입구에서 모바일 학생증 QR 코드를 찍어야 해요. 갑자기 도서관에 왜 가요?

타오 : 다음 주에 시험이 있어요. 도서관은 조용하니까 공부하러 가요.

왕지홍 : 저도 시험이 있는데 같이 열람실에 공부하러 가요.

입구	학생증	찍다	조용하다	열람실
entrance	student ID card	to scan	be quiet	reading room

1) 타오 씨는 왜 도서관에 가요?

2) 도서관 입구에서 어떻게 들어가요?

3) 두 사람은 도서관 어디에 같이 가요?

어휘 1 - 도서관 출입, 이용
Vocabulary 1 - Library access, Using the library

입구 entrance

신분증 identification card

스터디 룸 study room

세미나실 seminar room

이용 시간 usage time

좌석 seat

들어가다 to enter / go in

이용하다 to use

검색하다 / 찾다 to search / find

예약하다 to reserve

대화 2
Dialogue 2

헨드라: 안녕하세요? 이 책을 빌리고 싶어요.

직원: 네, 여기에 학생증을 찍어 주세요.

『한국어 재미있게 읽기』, 『한국의 역사』, 이렇게 두 권 대출입니다.

사진 자료가 있는데 같이 대출하시겠어요?

헨드라: 네, 같이 주세요.

직원: 대출 기간은 한 달이니까 다음 달 10일까지 반납하셔야 합니다.

빌리다/대출하다	사진 자료	기간	한 달	반납하다
to borrow	visual aids/materials	period	a month	to return

1) 헨드라 씨는 책을 몇 권 빌려요?

2) 대출 기간은 얼마 동안이에요?

어휘 2 - 대출, 반납
Vocabulary 2 - Borrow, Return

연체료
late fee, overdue fine

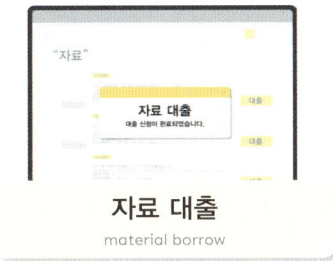
자료 대출
material borrow

자료 복사
material photocopy

자료 구입
material purchase

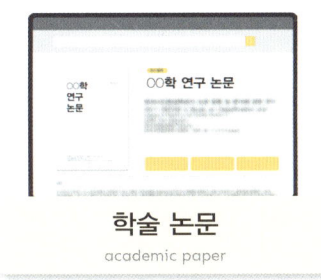
학술 논문
academic paper

시설
facility

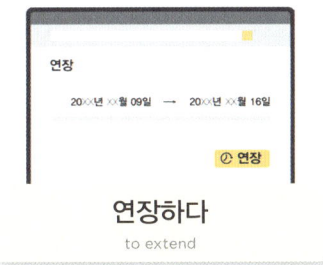
연장하다
to extend

신청하다
to apply

문의하다
to inquire

공지하다
to announce

어휘 연습
Vocabulary practice

1 알맞은 어휘를 연결하세요.
Match the correct vocabulary.

1) 도서관 • • to return

2) 권 • • period

3) 반납하다 • • unit of books

4) 기간 • • library

2. 다음 문장에 알맞은 단어를 쓰세요.
Write the appropriate word for the following sentences.

　　　　입구　　　　　　연체료　　　　　　열람실

　　　　학생증　　　　　찍다　　　　　　　빌리다
---

1) 여기는 출구가 아니고 _____ 입니다.

2) 도서관 _____ 은 조용해서 공부하기 좋아요.

3) 책을 빌릴 때 학생증 QR 코드를 _____.

4) 도서관에서 들어가려면 _____ 이 필요해요.

5) 저는 어제 도서관에서 책을 두 권 _____.

6) 반납 기간보다 늦으면 _____ 가 있으니까 조심하세요.

문법 표현 1
Grammar expression 1

-아/어/여야 돼요/해요

> 동사나 형용사 뒤에 붙어 필수로 꼭 해야 하는 것을 표현한다.
> It's attached after verbs or adjectives to express what must be done.
>
> - ㅏ, ㅗ + -아야 되다
>   → 가다 + -아야 되다 = 가야 돼요
>
>   ㅏ, ㅗ X + -어야 되다
>   → 먹다 + -어야 되다 = 먹어야 돼요
>
>   하다 + -여야 되다
>   → 하다 + -여야 되다 = 하여야 돼요 → 해야 돼요
>
> ★ '-아/어/여야 되다, -아/어/여야 하다' 비슷하게 사용한다.
>   '-아/어/여야 되다, -아/어/여야 하다' use it similarly.

	-아/어/해야 돼요/해요		-아/어/해야 돼요/해요
만나다		먹다	
빌리다		읽다	
쓰다		합격하다	

연습 문제

<보기>와 같이 질문에 대답하세요.
Answer the questions as shown in <보기>.

> **보기**
>
> 가 : 내일 친구 생일이에요. 어떻게 해요?
>
> 나 : <u>음식을 준비해야 해요</u>.
> 　　(음식을 준비하다)

1) 가 : 배가 아파요. 어떻게 해요?

   나 : 병원에 _____.
   　　　　　　　　　　　　　　　　　　　　　　(가다)

2) 가 : 한국어를 잘하고 싶어요.

   나 : 한국어를 공부하고 싶으면 _____.
   　　　　　　　　　　　　　　　　　　(책을 많이 읽다)

문법 표현 2
Grammar expression 2

-(으)니까

| 동사, 형용사에 붙어서 앞의 내용이 뒤의 내용에 대한 이유나 원인을 표현한다. 보통 화자의 판단이나 화자의 약속, 제안, 명령에 대한 이유를 표현한다.
Adhering to verbs and adjectives, the preceding content indicates the reason or cause for the next content.
It usually indicates the reason for the speaker's judgement or the speaker's promise, suggestion or command.

- 받침 O + -으니까
  → 먹다 + -으니까 = 먹으니까   /   먹었어요 + -으니까 = 먹었으니까

  받침 X + -니까
  → 예쁘다 + -니까 = 예쁘니까

- 명사 받침 O + -이니까
  → 책상이다 + -이니까 = 책상이니까

  명사 받침 X + -니까
  → 의자다 + -니까 = 의자니까

★ 청유문이나 명령문에서는 '-(으)니까'만 사용할 수 있다.
'-(으)니까' can only be used in invitation or imperative sentences.
  → 재미있으니까 같이 봅시다.   /   재미있으니까 보세요.

과거표현을 사용할 수 있다.
We can use past expressions.
  → 많이 먹었으니까 배가 아파요.

	-으니까		-니까
좋다		쓰다	
맛있다		빌리다	
*듣다		학생이다	
*춥다		한 달이다	

연습 문제

'-(으)니까'를 사용해서 문장을 완성하세요.
Use '-(으)니까' to complete the sentence.

1) 시간이 없다 + 택시를 탑시다.

   → _____

2) 날씨가 춥다 + 창문을 닫을까요?

   → _____

읽기
Reading

1. 다음 글을 읽고 맞으면 O, 틀리면 X 하세요.
Read the following article choose O if correct, choose X if wrong.

> 저는 전공 수업에서 조별 발표 때문에 도서관 세미나실을 예약했습니다.
> 세미나실에서는 꼭 예약해야 하고, 학생들이 공부하고 이야기할 수 있습니다.
> 우리도 세미나실에서 2시간 동안 자료를 찾고 발표 준비를 했습니다.

1) 도서관 세미나실은 예약해야 합니다.   O X
2) 세미나실에서는 조용히 해야 됩니다.   O X
3) 우리는 세미나실에서 발표를 준비했습니다.   O X

2. 다음을 읽고 물음에 대답하세요.
Read the following and answer the questions.

> 마지덥 : 선생님, 재학증명서를 어디에서 받아야 해요?
> 선생님 : 재학증명서는 교무학생처 사무실이나 본관 1층 무인 발급기에서 받아요.
> 마지덥 : 감사합니다. 학생증이 있어야 해요?
> 선생님 : 학생증이 있으면 좋아요.
> 　　　　 학번과 이름, 휴대폰 번호가 있으면 학생증은 없어도 돼요.
> 마지덥 : 네, 감사합니다.

1) 마지덥 씨는 무엇을 받고 싶어 해요?   What does Majidub wants to receive?

2) 읽은 내용과 맞는 것을 고르세요.   Choose the correct answer for what you read.

   ① 마지덥 씨는 재학증명서를 받았어요.
   ② 재학증명서는 학생증이 꼭 있어야 해요.
   ③ 선생님은 재학증명서 받는 곳을 몰라요.
   ④ 재학증명서는 무인 발급기에서 받을 수 있어요.

| 재학증명서 | 교무학생처 | 무인 발급기 |
| certificate of registration | school Student Affairs Department | automatic dispenser |

말하기, 쓰기
Speaking and Writing

1 여러분의 친구에게 이유를 말하고 제안을 해보세요.
Tell your friend a reason and give suggestions.

> 보기
> 가 : 밖에 비가 와요. 나는 우산이 없어요.
> → 나 : <u>비가 오니까 같이 우산을 쓸까요?</u>

1) 가 : 방이 너무 더러워요.
→ 나 : _____.

2) 가 : 배가 고파요.
→ 나 : _____.

3) 가 : 내일 시험이에요.
→ 나 : _____.

2 여러분은 꼭 해야 할 일이 있습니까? 쓰고 이야기하세요.
Do you have something you must do? Write about it.

> 보기
> 가 : 내일 시험이에요?
> → 나 : 네, <u>오늘은 공부해야 해요.</u>
>   (공부하다)

1) 가 : 언제까지 반납해요?
→ 나 : _____.
(반납하다)

2) 가 : 오늘 병원에 가요?
→ 나 : _____.
(친구를 만나다)

3) 가 : 왜 지금 집에 가요?
→ 나 : _____.
(일찍 집에 가다)

비
rain

제10과
Unit 10

보강은 언제 해요?
When is the makeup class?

들어가기 Introduction	1. 결석을 몇 번 했어요? 왜 결석했어요?
	How many times were you absent? Why were you absent?
	2. 수업을 언제, 왜 휴강해요?
	When and why is the class cancelled?

학습목표 Learning objectives	휴강과 보강, 결석 이유에 대해 이야기할 수 있다.
주제 Topic	학교 수업
사용 어휘 Vocabulary used	휴강, 보강, 출석, 결석
사용 문법 Grammar used	못 -, -아/어/여서

대화 1
Dialogue 1

교수님 :	여러분, 수업 공지 사항이 있어요.
	다음 주 월요일은 공휴일이어서 수업이 없어요. 휴강이에요.
헨드라 :	그럼, 학교에 안 와요?
교수님 :	네, 공휴일이어서 학교와 회사 모두 쉬어요.
헨드라 :	혹시 보강이 있어요?
교수님 :	보강 수업은 이번 학기 마지막 주에 할 거예요. 날짜를 정하고 다시 공지할게요.

공지 사항	공휴일	보강	마지막	날짜	정하다
notice	public holiday	makeup class	the last	date	to decide

1) 왜 수업을 휴강해요?

2) 보강은 언제 해요?

어휘 1 - 휴강, 보강
Vocabulary 1 - Class canceled, Makeup class

일정
schedule

개인 사정
personal condition

보충 수업
supplementary class

학교 게시판
school bulletin board

알리다
to inform

안내하다
to guide

실시하다
to implement

날짜를 잡다
set a date

대화 2
Dialogue 2

왕지홍 :	교수님, 드릴 말씀이 있는데요.
	제가 지난주 목요일 수업에 결석했어요.
교수님 :	왜 결석했어요? 무슨 일 있었어요?
왕지홍 :	감기에 걸려서 아팠어요. 그래서 병원에 갔어요.
교수님 :	공인결석계를 제출하세요. 그럼, 출석이 인정돼요.
왕지홍 :	네, 감사합니다. 그런데 제가 공인결석계가 없어요.
교수님 :	학과 사무실이나 학교 홈페이지에 있으니까 쓰세요.

결석하다 be absent	**감기에 걸리다** catch a cold	**공인결석계** authorized absence report	**출석하다** to attend
인정되다 be recognized	**말씀드리다** to tell		

1) 왕지홍 씨는 왜 결석했어요?

2) 왕지홍 씨는 출석 인정을 위해서 무엇을 제출해야 해요?

어휘 2 - 출석, 결석
Vocabulary 2 - Attend, Absence

병원 진단서
medical certificate

출석 점수
attendance score

출석 애플리케이션
attendance application

지각하다
be late for

보고하다
to report

처리하다
to process

제출하다
to submit

사유를 쓰다
write the reasons

어휘 연습
Vocabulary practice

1 알맞은 어휘를 연결하세요.
Match the correct vocabulary.

1) 출석 • • notice

2) 개인 사정 • • personal condition

3) 공지 사항 • • attend

4) 결석 • • authorized absence report

5) 공인결석계 • • absence

2. 다음 문장에 알맞은 단어를 쓰세요.
Write the appropriate word for the following sentences.

　　　　　보강　　　　　마지막　　　　　정하다

　　　　　　지각하다　　　　　인정하다

---

1) 수업을 휴강하면 마지막 주에 _____ 을 해야 해요.

2) 다음 주가 이번 학기 _____ 수업이에요?

3) 우리 언제 밥을 먹을까요? 지금 날짜를 _____ .

4) 아침에 늦게 일어나서 수업에 _____ .

5) 공인결석계를 제출하면 출석으로 _____ .

문법 표현 1
Grammar expression 1

못 -

| 동사 앞에서 쓸 수 있다. 부정 표현이다. 능력이 없거나 할 수 없을 때 사용한다.
It can be used in front of the verb. A negative expression. It is used when you are incapable or unable to do something.

① 자신의 능력이 없다.

→ 저는 수영을 안 배워서 수영을 **못** 해요.

② 상황 때문에 할 수 없다.

→ 겨울에 해운대에서 수영을 **못** 해요.

- **못 -** + 먹다 = **못** 먹다

  못 - + 가다 = **못** 가다

★ -지 못하다 : 동사 뒤에 붙여 사용한다.
-지 못하다 : put after the verb to use.

→ 먹<u>지 못해요</u>. / 가<u>지 못해요</u>.

	못 -
먹다	
가다	
수영하다	

	-지 못하다
먹다	
가다	
수영하다	

연습 문제

'못 -'을 사용해서 문장을 쓰세요.
Make a sentence using '못-'.

1) 가 : 내일 미용실에 갈까요?

   나 : 미안해요. 저는 미용실에 _____.

   가 : 왜요?

   나 : _____.

2) 가 : 오늘 같이 영화를 볼까요?

   나 : 미안해요. 같이 영화를 _____.

   가 : 왜요?

   나 : _____.

문법 표현 2
Grammar expression 2

-아/어/여서

> | 동사, 형용사에 붙어서 앞의 내용이 뒤의 내용에 대한 이유나 원인을 표현한다.
> Adhering to verbs and adjectives, the preceding content indicates the reason or cause for the next content.
>
> - ㅏ, ㅗ O + -아서 → 가다 + -아서 = 가서
>
>   ㅏ, ㅗ X + -어서 → 먹다 + -어서 = 먹어서
>
>   하다 + -여서 → 공부하다 + -여서 = 공부하여서 → 공부해서
>
> - 명사 받침 O + -이어서 → 책상이다 + -이어서 = 책상이어서
>
>   명사 받침 X + -여서 → 의자다 + -여서 = 의자여서
>
> ★ '-아/어/여서'와 '-(으)니까'는 같은 이유를 나타내는 표현이지만, 차이가 있다.
> '-아/어/여서' and '-(으)니까' are expressions that represent the same reason, but there is a difference.
>
>   ① 청유문이나 명령문에서는 '-아/어/여서'는 사용할 수 없다.
>   You can't use '-아/어/여서' in invitation or imperative sentence.
>   → 재미있어서 같이 봅시다. (X)   재미있어서 보세요. (X)
>
>   ② 과거표현을 사용할 수 없다.
>   You can't use it in past tense.
>   → 많이 먹었어서 배가 아파요. (X)   많이 먹어서 배가 아파요. (O)

	-아/어/해서		-아/어/해서
오다		보다	
마시다		예쁘다	
*듣다		*덥다	
학생이다		친구이다	

150

연습 문제

'-아/어/여서'를 사용해서 문장을 완성하세요
Complete the sentence using '-아/어/여서'.

1) 옷이 싸다 + 많이 샀어요.

   → _____

2) 배가 고프다 + 빵을 먹었어요.

   → _____

읽기
Reading

1 다음 글을 읽고 맞으면 O, 틀리면 X 하세요.
Read the following article choose O if correct, choose X if wrong.

> 다음 주 수업은 없어요. 교수님이 개인 사정으로 휴강을 해요. 하지만 교수님은 이유를 말 안 했어요. 나는 다음 주에 약속이 없어요. 수업이 없으니까 도서관에 가고 싶어요. 도서관에서 다음 달 시험공부를 할 거예요. 학교 식당은 문을 안 열어요. 그래서 밥을 못 먹어요. 집에서 점심을 먹고 오후에 도서관에 갈 거예요.

1) 다음 주는 수업이 없어요.　　　　　O　X
2) 학교에서 점심을 먹을 거예요.　　　O　X
3) 다음 주에 시험이 있어요.　　　　　O　X

2 다음을 읽고 물음에 대답하세요.
Read the following and answer the questions.

> 타오　　: 지난주 한국어 수업에서 뭐 공부했어요?
> 왕지홍 : 9과 도서관에 대해서 공부했어요.
> 타오　　: 그래요. 혹시 숙제는 없어요?
> 왕지홍 : 네, 숙제는 없어요. 타오 씨 왜 결석했어요?
> 타오　　: 배가 너무 아파서 학교에 못 갔어요. 약을 먹어서 괜찮아요.
> 왕지홍 : 약이 있어서 다행이에요.

1) 타오 씨는 지난 주에 왜 결석했어요? Why was Tao absent last week?

2) 읽은 내용과 맞는 것을 고르세요. Choose the correct answer for what you read.
　① 왕지홍 씨는 지난주에 결석했어요.
　② 지난주 한국어 수업은 숙제가 있어요.
　③ 타오 씨는 배가 아파서 약을 먹었어요.
　④ 타오 씨는 한국어 수업에 모두 출석했어요.

말하기, 쓰기
Speaking and Writing

 <보기>와 같이 문장을 만드세요.
Make a sentence as shown in <보기>.

> **보기**
> 가 : 왜 우산을 샀어요?
> → 나 : <u>비가 와서 우산을 샀어요</u>.

1) 가 : 왜 돈을 빌렸어요?
   → 나 : 돈이 없어서 _____.
   (빌리다)

2) 가 : 왜 오늘 도서관에 가요?
   → 나 : _____.
   (시험이 있다)

3) 가 : 왜 점심을 안 먹었어요?
   → 나 : _____.
   (너무 바쁘다)

 다음 질문에 대답하세요.
Please answer the question.

> **보기**
> 가 : 같이 도서관에 갈까요?
> → 나 : 미안해요. <u>못 가요</u>.

1) 가 : 내일 같이 공부할까요?
   → 나 : 미안해요. _____.

2) 가 : 숙제를 했어요?
   → 나 : 아니요. _____.

3) 가 : 시험을 잘 봤어요?
   → 나 : 아니요. _____.

제11과
Unit 11

학교에서 백화점까지 어떻게 가요?

How to go to the mall from the campus?

들어가기 / Introduction

1. 학교에 어떻게 와요? 무엇을 타고 와요?
   How did you come to school? What did you take to go to school?

2. 수업이 끝난 후에 무엇을 해요?
   What are you doing after class?

학습목표 Learning objectives	길을 묻고 찾아갈 수 있다.
주제 Topic	교통, 길 찾기
사용 어휘 Vocabulary used	교통수단, 교통
사용 문법 Grammar used	-(으)ㄴ 후에, -기 전에, -(으)면

대화 1

Dialogue 1

타오 : 왕지홍 씨, 학교에서 백화점까지 어떻게 가는지 알아요?

왕지홍 : 네, 버스를 타거나 지하철을 타면 돼요. 지하철은 갈아타야 해요.

타오 : 그럼, 저는 버스가 더 좋아요.

왕지홍 : 학교 앞 버스 정류장에서 51번 버스를 타면 돼요.
10개 정류장을 지나고 백화점 버스 정류장에서 내리세요. 백화점에는 왜 가요?

타오 : 어머니 생신이어서 선물을 사고 싶어요.

타다	지하철	갈아타다/환승하다	버스 정류장	내리다	생신
to ride/get on	subway	to transfer	bus stop	to leave/get off	birthday (polite form)

1) 타오 씨는 백화점에 왜 가요?

2) 타오 씨는 백화점에 무엇을 타고 가요?

어휘 1 - 교통수단
Vocabulary 1 - Means of transportation

지하철역
subway station

택시 승강장
taxi stand

기차
train

비행기
airplane

자전거
bicycle

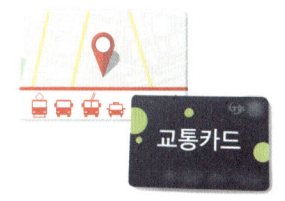
교통카드
transportation card

충전하다
to recharge

요금을 내다
pay a fare

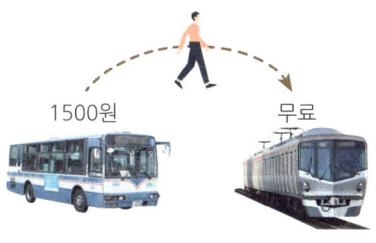
무료 환승
free transfer

지나다
to pass by

대화 2
Dialogue 2

마지덥 : 안녕하세요. 부산박물관에 갈 거예요.

기사 : 부산박물관이요? 네, 알겠습니다.

마지덥 : 지금 출발하면 얼마나 걸릴까요? 차가 많이 밀려요?

기사 : 20분 정도 걸려요. 지금 퇴근 시간이라서 길이 많이 막혀요.

너무 막히면 사거리에서 내려서 조금 걸어가세요. 그게 빨라요.

마지덥 : 네, 감사합니다.

출발하다
to depart

(시간이) 걸리다
It takes + time

길이 막히다/차가 밀리다
be stuck in traffic

퇴근
leaving work

걸어가다
walk along

빠르다
fast/quick

---

1) 마지덥 씨는 지금 무엇을 탔어요?

2) 길이 너무 막히면 마지덥 씨는 어떻게 할까요?

어휘 2 - 교통
Vocabulary 2 - Transportation

출근
get to work

교통 체증
traffic congestion

사거리
intersection

횡단보도
crosswalk

신호등
traffic light

느리다
slow

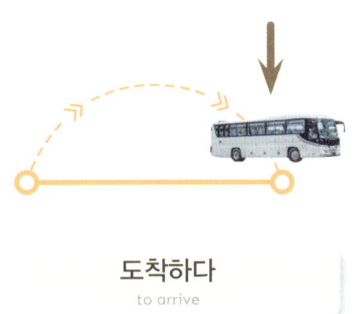
도착하다
to arrive

건너다
to cross

신호를 지키다
follow the traffic signs

택시를 부르다
call for a cab

어휘 연습
Vocabulary practice

1 알맞은 어휘를 연결하세요.
Match the correct vocabulary.

1) 타다 • • to transfer

2) 환승하다 • • to ride / get on

3) 교통 요금 • • traffic congestion

4) 빠르다 • • transportation fare

5) 교통 체증 • • fast / quick

다음 문장에 알맞은 단어를 쓰세요.
Write the appropriate word for the following sentences.

| 퇴근 | 정류장 | 신호등 |
| 교통카드 | 걸리다 | 건너다 |

1) 버스를 탔어요? 그러면 _____ 에서 기다릴게요.

2) 지금은 _____ 시간이어서 차가 많이 밀려요.

3) _____ 을 잘 보고 길을 _____ .

4) 학교에서 집까지 얼마나 _____ ?

5) 버스나 지하철 무료 환승을 하려면 _____ 가 있어야 해요.

문법 표현 1
Grammar expression 1

-(으)ㄴ 후에 : **-기 전에**

| 동사 뒤에 붙어서 앞의 행동 이후에 뒤의 행동이 일어남을 표현한다.
It is attached after the verbs to express the action that occurs after the preceding action.

- 받침 O + -은 후에
  → 먹다 + -은 후에 = 먹은 후에

  받침 X + -ㄴ 후에
  → 공부하다 + -ㄴ 후에 = 공부한 후에

| 동사 뒤에 붙어서 앞 문장의 행동 이전에 뒷 문장의 행동이 일어남을 표현한다.
It is attached after the verb to express that the action of the next sentence occurs before the action of the previous sentence.

- 받침 O + -기 전에
  → 먹다 + -기 전에 = 먹기 전에   예) 과일을 먹기 전에 밥을 먹어요.

  받침 X + -기 전에
  → 자다 + -기 전에 = 자기 전에   예) 자기 전에 우유를 마셔요.

★ 명사를 말할 때에는 '-기'를 제외하고 '전에'만 사용한다.
When use it to a noun, use only '전에' without '-기'.
  → 방학 + 전에 = 방학 전에

	-(으)ㄴ 후에		-기 전에
먹다		앉다	
*걷다		읽다	
타다		쓰다	
내리다		걸리다	

162

연습 문제

<보기>와 같이 질문에 대답하세요.
Answer the questions as shown in <보기>.

> 보기
>
> 가 : 언제 유학을 갈 거예요?
>
> 나 : <u>졸업한 후에</u> 갈 거예요.
>   (졸업하다)

1) 가 : 저녁에 보통 뭐 해요?

   나 : _____ 영화를 봐요.
                                        (밥을 먹다)

2) 가 : 보통 언제 청소를 해요?

   나 : _____ 청소를 해요.
                                    (주말에 점심을 먹다)

문법 표현 2
Grammar expression 2

-(으)면

| 앞의 내용이 불확실하거나 아직 일어나지 않는 사실을 가정할 때 사용한다.
It is used to assume that the preceding content is uncertain or that it has not yet occurred.

- 받침 O + -으면
  → 먹~~다~~ + -으면 = 먹으면

  받침 X + -면
  → 공부하~~다~~ + -면 = 공부하면

	-(으)면		-(으)면
먹다		앉다	
* 걷다		읽다	
쓰다		가다	
내리다		타다	

164

연습 문제

<보기>와 같이 질문에 대답하세요.
Answer the questions as shown in <보기>.

> 보기
>
> 가 : 차가 막히면 어떻게 할까요?
>
> 나 : <u>차가 막히면 지하철을 타세요</u>.
>   (지하철을 타다)

1) 가 : 배가 고프면 어떻게 할까요?

   나 : _____.
                                                 (라면을 먹다)

2) 가 : 머리가 아프면 어떻게 할까요?

   나 : _____.
                                                 (내과에 가다)

3) 가 : 내일이 시험이면 어떻게 할까요?

   나 : _____.
                                                 (공부하다)

읽기
Reading

 다음 글을 읽고 맞으면 O, 틀리면 X 하세요.
Read the following article choose O if correct, choose X if wrong.

> 오늘은 친구와 경주에 여행을 갔습니다. 저는 일어나서 씻은 후에 아침밥을 먹었습니다. 그리고 나가기 전에 여행 가방을 챙겼습니다. 우리는 기차를 타고 갔습니다. 경주에 도착한 후에 점심을 먹고 왕릉, 박물관을 구경했습니다. 오늘은 토요일이어서 사람들이 아주 많았습니다.

1) 주말이어서 사람이 많아요.

2) 저는 혼자 경주에 여행을 갔어요.

3) 경주에 도착하기 전에 점심을 먹었어요.

 다음을 읽고 물음에 대답하세요.
Read the following and answer the questions.

> 마지덥 : 왕지홍 씨, 축구 좋아해요?
> 왕지홍 : 네, 축구 보고, 하는 거 다 좋아해요.
> 마지덥 : 오늘 같이 축구할래요? 유학생 축구 모임이 있어요.
> 왕지홍 : 그래요. 몇 시에 어디에서 만나요?
> 마지덥 : 수업이 끝난 후에 4시 30분에 학교 운동장에서 만나요. 그리고 축구한 후에 다 같이 저녁을 먹어요. 괜찮아요?
> 왕지홍 : 네, 운동한 후에 맛있는 거 먹으면 좋아요.

1) 두 사람은 수업이 끝난 후에 무엇을 해요? What are you guys doing after class?

2) 읽은 내용과 <u>맞지 않는</u> 것을 고르세요. Read the following and choose the one is NOT mentioned.

　① 두 사람은 오늘 축구해요.
　② 축구를 한 후에 저녁밥을 먹어요.
　③ 왕지홍 씨는 축구 보는 것도 좋아해요.
　④ 마지덥 씨는 한국 학생 축구 모임에 가요.

말하기, 쓰기
Speaking and Writing

 다음 질문에 알맞은 대답을 쓰세요.
Write the correct answers to these questions.

> 1) 오전에 무엇을 합니까? '-(으)ㄴ 후에'를 사용해서 오전 일과를 쓰세요.
> What do you do in the morning? Use '-(으)ㄴ 후에' and talk about your morning routine.

_____

_____

_____

_____

> 2) 오후에 무엇을 합니까? '-기 전에'를 사용해서 오후 일과를 쓰세요.
> What do you do in the afternoon? Use '-기 전에' and talk about your afternoon routine.

_____

_____

_____

_____

제12과
Unit 12

어떤 여행을 좋아해요?
What kind of trip do you like?

 1. 한국에서 어디에 여행을 가고 싶어요?
Where do you want to travel to in Korea?

2. 여행 가기 전에 무엇을 준비해요?
What must be prepared before travelling?

 여행 계획을 말할 수 있다.

 여행, 계획

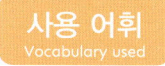 여행, 여행 준비

 -지만, -(으)ㄴ/는데

대화 1
Dialogue 1

타오 : 이번 방학에 여행을 가고 싶은데 어디가 좋을까요?

마지덥 : 어떤 여행을 좋아해요?

타오 : 저는 역사 유적지를 구경하는 것을 좋아해요.

박물관이나 미술관도 좋아해요.

마지덥 : 경주 어때요? 역사 유적지, 박물관 모두 있어요.

타오 : 경주도 좋네요. 마지덥 씨는 가 봤어요?

마지덥 : 네, 저는 지난 방학에 경주 여행을 했어요.

역사 유적지	경주	가 봤어요?
historical site	Gyeong-ju	have you been there?

1) 타오 씨는 방학에 무엇을 하고 싶어 해요?

2) 타오 씨는 어떤 여행을 좋아해요?

어휘 1 - 여행
Vocabulary 1 - Travel

휴가
vacation

여행사
travel agency

국내 여행
domestic trip

해외여행
overseas trip

자연환경
natural environment

개인 여행
personal trip

단체 관광
group tour

여행 가이드
a tour guide

관광하다
do sightseeing

휴식을 취하다
take a rest

대화 2
Dialogue 2

헨드라 : 왕지홍 씨, 여름에 제주도에 가 봤어요?

왕지홍 : 네, 작년 여름에 갔어요. 제주도는 왜요?

헨드라 : 다음 주에 제주도에 가는데 준비를 다 못했어요. 뭐가 필요해요?

왕지홍 : 제주도는 여름에 더우니까 얇은 옷을 가지고 가세요.

그리고 바다에서 수영하면 수영복도 필요해요. 한라산 등산도 해요?

헨드라 : 한라산이 아름답지만 저는 등산을 안 좋아해요.

제주도	준비하다	필요하다	수영복	얇다	아름답다
Je-ju island	to prepare	to need	swimsuit	thin	beautiful

1) 헨드라 씨는 여름에 어디에 가요?

2) 왕지홍 씨는 제주도 여행 준비물로 무엇을 말해요?

어휘 2 - 여행 준비
Vocabulary 2 - Preparation for travelling

여권
passport

비자
visa

여행 가방
suitcase

운동화
sneakers

모자
hat

우산
umbrella

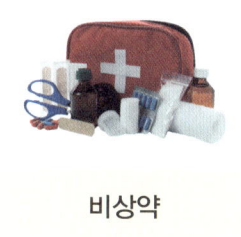
비상약
first-aid medicine

날씨
weather

번역하다 / 통역하다
to translate / to interpret

바꾸다 / 환전하다
to change / exchange money

어휘 연습
Vocabulary practice

1 알맞은 어휘를 연결하세요.
Match the correct vocabulary.

1) 방학 • • passport

2) 여권 • • vacation

3) 해외여행 • • overseas trip

4) 환전하다 • • do sightseeing

5) 관광하다 • • exchange money

다음 문장에 알맞은 단어를 쓰세요.
Write the appropriate word for the following sentences.

| 여행 | 번역 | 단체관광 |
| 자연환경 | 아름답다 | 준비하다 |

1) 이번 휴가 때 저는 바다로 _____ 을 가요.

2) 제주도는 _____ 이 정말 _____.

3) 해외여행을 갔는데 휴대폰 _____ 애플리케이션을 이용해서 편했어요.

4) 유학을 가려면 미리 여권과 비자를 _____.

5) 외국어를 모르면 해외여행을 _____ 으로 가세요.

문법 표현 1

Grammar expression 1

-지만

앞 문장과 뒤 문장이 서로 반대되거나 대조되는 내용일 때 사용하는 표현이다.
접속 부사 '하지만'을 붙여서 사용한다
It is an expression used when the previous sentence and the back sentence are opposite or contrasting. Use the conjunction adverb '하지만'.

- 받침 O + 하지만

  → 맛있다 + 하지만 = 맛있지만   → 맛있었다 + 하지만 = 맛있었지만

  받침 X + 하지만

  → 기다리다 + 하지만 = 기다리지만   → 기다렸다 + 하지만 = 기다렸지만

- 명사 + (이)지만

  → 책상 + (이)지만 = 책상이지만

	-지만		-지만
읽다		춥다	
먹다		덥다	
사다		쓰다	
구경하다		준비하다	

연습 문제

<보기>와 같이 두 문장을 연결하세요.
Combine the two sentences as shown in <보기>.

> **보기**
>
> 이 식당은 맛있어요. + 하지만 비싸요.
>
> → 이 식당은 맛있지만 비싸요.

1) 형은 축구를 좋아해요. 하지만 동생은 안 좋아해요.

   → _____

2) 형은 날씬해요. 하지만 동생은 뚱뚱해요.

   → _____

3) 친구는 졸업했어요. 하지만 나는 안 했어요.

   → _____

문법 표현 2
Grammar expression 2

-(으)ㄴ/는데

① 뒤 문장의 사실에 대해서 앞 문장이 배경이나 상황을 설명할 때 사용한다.
It is used to explain the background or situation of the previous sentence about the facts of the back sentence.

② 앞 문장과 뒤 문장이 반대되는 의미로 사용한다.
The previous sentence and the back sentence are used in opposite meanings.

- 받침 O + -은데
  → 작다 + -은데 = 작은데

  받침 X + -는데
  → 가다 + -는데 = 가는데

	-(으)ㄴ/는데		-(으)ㄴ/는데
먹다		작다	
*춥다		읽다	
쓰다		가다	
구경하다		준비하다	

연습 문제

<보기>와 같이 질문에 대답하세요.
Answer the questions as shown in <보기>.

> **보기**
>
> 가 : 왜 기분이 안 좋아요?
>
> 나 : <u>비가 오는데 우산이 없어요</u>.
>   (비가 오다 / 우산이 없다)

1) 가 : 이 식당은 사람이 많아요.

   나 : _____.

   (가격이 비싸다 / 맛있다)

2) 가 : 내일 뭐 할까요?

   나 : _____.

   (토요일이다 / 영화를 보다)

3) 가 : 오늘 저녁에 바다에 갈까요?

   나 : _____.

   (축제이다 / 괜찮다)

읽기
Reading

1 다음 글을 읽고 맞으면 O, 틀리면 X 하세요.
Read the following article choose O if correct, choose X if wrong.

> 오늘은 한국의 명절입니다. 그래서 가족들이 모두 만납니다. 고모 가족은 서울에서 왔습니다. 가족들은 모두 같이 설 음식을 만들어 먹습니다. 아침에는 할아버지와 할머니에게 세배를 합니다. 세배를 하기 전에 한복을 입습니다. 아이들은 세배를 하고 세뱃돈을 받습니다. 엄마와 아빠도 할아버지, 할머니에게 세배를 하지만 세뱃돈을 받지 않습니다. 가족들은 밥을 먹고 한국의 전통 놀이를 합니다. 즐거운 설날입니다.

1) 오늘은 명절이에요.　　　　　　　　　　O　X
2) 아이들은 세뱃돈을 받아요.　　　　　　　O　X
3) 한복을 입기 전에 세배를 해요.　　　　　O　X

2 소개글을 읽고 다음 물음에 답하세요.
Read the introduction and answer the following questions.

> 안녕하세요? 저는 마지덥이에요. 저는 한국에 오기 전에 식당에서 아르바이트를 했어요. 아르바이트는 힘들지만 사장님이 좋아서 재미있었습니다. 저는 지금 경영학을 전공하고 있습니다. 졸업하기 전에 자격증을 많이 가지고 싶습니다. 그리고 우리나라에 돌아가서 사장님이 되고 싶습니다. 저도 아르바이트 사장님처럼 재미있는 사장님이 되고 싶습니다.

1) 마지덥은 무엇이 되고 싶어요? What do you want to be, Majidub?

2) 읽은 내용과 <u>맞지 않는</u> 것을 고르세요. Read the following and choose the one is NOT mentioned.

   ① 마지덥은 경영학을 배워요.
   ② 마지덥은 좋은 사장님과 일했어요.
   ③ 마지덥은 자격증을 가지고 싶어요.
   ④ 마지덥은 한국에 와서 아르바이트를 했어요.

말하기, 쓰기
Speaking and Writing

1 다음 <보기>와 같이 앞 문장을 쓰세요.
Write the preceding sentence as shown in the example.

> 보기
>
> <u>비가 오는데</u> 우산이 없어요.

1) _____ 배가 너무 고파요.

2) _____ 공부를 안 하고 싶어요.

3) _____ 같이 영화를 볼까요?

4) _____ 가격이 너무 비싸요.

5) _____ 어떻게 할까요?

제13과
Unit 13

다음 주 화요일이 기말시험이에요.

The final exam is next Tuesday.

들어가기 / Introduction

1. 수업 과제가 많아요? 무슨 과제가 있어요?
   Do you have a lot of homework? What homework do you have?

2. 시험은 언제예요? 시험을 어떻게 준비해요?
   When is the exam? How do you prepare for the exam?

 학습목표 / Learning objectives — 시험 관련 이야기를 이해할 수 있다.

 주제 / Topic — 과제, 시험

 사용 어휘 / Vocabulary used — 시험, 과제, 발표

 사용 문법 / Grammar used — 안-, -(으)ㄹ 것 같아요

대화 1
Dialogue 1

교수님:	여러분, 2주 후 목요일에 기말시험이 있어요. 알고 있지요?
학생들:	네, 교수님. 이번 시험은 범위가 어디까지예요?
교수님:	시험 범위는 1과부터 12과까지예요.
	단어와 문법이 많이 나올 것 같아요.
	문제는 객관식, 주관식, 서술형 모두 있어요.
학생들:	시험이 어려울 것 같아요.
교수님:	공부를 하면 쉬워요. 그러니까 시험공부하세요.
학생들:	네, 알겠습니다.

기말시험 final exam **부터 까지** from... to... **나오다** come out **객관식** multiple choice

주관식 short-answer question **서술형** descriptive type

---

1) 기말시험은 언제예요?

2) 시험 범위는 어디부터 어디까지예요?

어휘 1 - 시험
Vocabulary 1 - Exams

- 중간고사
  midterm exam

- 시험 범위
  scope of the exam

- 복습하다
  to review / revise

- 예습하다
  to preview (study in advance)

- 출제하다
  set exam questions

- 시험을 보다
  take an exam

- 문제를 풀다
  solve a problem

- 점수를 받다
  get a grade

- 합격하다
  to pass

- 불합격하다 / 떨어지다
  to fail

대화 2
Dialogue 2

마지덥 : 우리 같은 발표 조네요. 2주 후에 발표하니까 같이 준비해요.

헨드라 : 자료 찾기와 프레젠테이션 만들기, 발표가 있는데 한 명씩 일을 나눌까요?

타오 : 좋아요. 저는 발표 자료를 책과 인터넷에서 찾을게요.

마지덥 : 그럼, 저는 프레젠테이션을 만들게요. 헨드라 씨는 한국어 발음이 좋으니까 발표를 하면 좋겠어요.

헨드라 : 그래요. 제가 마지막 발표를 맡을게요.

조	발표하다	자료 찾다	프레젠테이션
group	give a presentation	look for reference	presentation
일을 나누다	맡다	발음	
divide up the work	take charge of	pronunciation	

1) 세 사람은 각각 무엇을 준비해요?

2) 헨드라 씨는 왜 발표를 맡았어요?

어휘 2 - 과제, 발표
Vocabulary 2 - Homeworks, Presentations

- 짝
  partner

- 양식
  form

- 과제 / 숙제
  assignment / homework

- 뽑다
  to elect / select

- 선택하다
  to choose

- 모이다
  to gather

- 중요하다
  important

- 연습하다
  to practice

- 다운받다
  to download

- 올리다 / 업로드하다
  to upload

어휘 연습
Vocabulary practice

1 알맞은 어휘를 연결하세요.
Match the correct vocabulary.

1) 중간시험 • • to practice

2) 기말시험 • • to review / revise

3) 범위 • • scope

4) 복습하다 • • final exam

5) 연습하다 • • midterm exam

2 다음 문장에 알맞은 단어를 쓰세요.
Write the appropriate word for the following sentences.

객관식　　　　　　나오다　　　　　　중요하다

합격하다　　　　　시험을 보다

---

1) 이번 시험 문제는 모두 _____ 입니다.

2) 저는 열심히 공부해서 한국어능력시험(TOPIK) 3급에 _____.

3) 기말고사 문제는 책에서 _____ 책을 보고 공부하세요.

4) 오늘 배운 문법은 _____ 꼭 기억하세요.

5) 다음 주에 _____ 방학이에요.

문법 표현 1
Grammar expression 1

안 -

| 동사와 형용사 앞에서 쓸 수 있다. 부정 표현이다.
상태를 부정하거나 어떤 행동을 하고 싶지 않음을 표현한다.
You can use it in front of verbs and adjectives. It's a negative expression.
It denies the condition or expresses that it does not want to do something.

- 안 - + 먹다 = 안 먹다   →   안 먹어요.
  안 - + 가다 = 안 가다   →   안 가요.

★ -지 않다 : 동사나 형용사 뒤에 붙여 사용한다.
  -지 않다 : used after verbs or adjectives.
  → 먹지 않아요. / 가지 않아요.

	안 -		-지 않다
좋다		먹다	
넣다		읽다	
쓰다		가다	
출제하다		나오다	

연습 문제

<보기>와 같이 문장을 바꾸세요.
Change the sentences as shown in <보기>.

> 보기
>
> 이 식당은 맛있지 않아요.
> → 이 식당은 안 맛있어요.

1) 머리가 아프지 않아요.

   → _____

2) 김치를 먹지 않아요.

   → _____

3) 사람이 많지 않아요.

   → _____

문법 표현 2
Grammar expression 2

-(으)ㄹ 것 같아요

| 동사나 형용사에 붙어서 말하는 사람이 어떤 일을 추측할 때 표현하다.
Attach to verbs or adjectives when a speaker guesses something.

- 받침 O + -을 것 같다
    → 작다 + -을 것 같다 = 작을 것 같다   →   작을 것 같아요.

    받침 X + -ㄹ 것 같다
    → 가다 + -ㄹ 것 같다 = 갈 것 같다   →   갈 것 같아요.

	-(으)ㄹ 것 같다		-(으)ㄹ 것 같다
먹다		좋다	
읽다		넣다	
가다		쓰다	
나오다		출제하다	

연습 문제

<보기>와 같이 질문에 대답하세요.
Answer the questions as shown in <보기>.

> **보기**
>
> 가 : 이 음식은 맛이 어떨까요?
>
> 나 : 간장을 많이 넣어서 <u>짤 것 같아요</u>.
>   (짜다)

1) 가 : 수지 씨가 어제 학교에 안 왔지요? 오늘은 와요?

   나 : 네, 오늘은 _____.
                                                        (오다)

2) 가 : 우리 이 영화 볼까요?

   나 : 다른 영화 봐요. 이 영화는 조금 _____.
                                                        (재미없다)

3) 가 : 언제 고향에 돌아가요?

   나 : _____.
                                                        (내년)

읽기
Reading

 다음 글을 읽고 맞으면 O, 틀리면 X 하세요.
Read the following article choose O if correct, choose X if wrong.

> 오늘 중간고사가 모두 끝났습니다. 그런데 서술형 문제가 너무 어려웠습니다. 시험공부를 열심히 했지만 시험 점수가 안 좋을 것 같습니다. 다음 기말고사에 더 열심히 하겠습니다. 오늘 기분이 좋지 않아서 맛있는 음식을 먹고 노래방에 가고 싶습니다.

1) 오늘부터 중간고사가 시작돼요.

2) 서술형 시험 문제가 어려웠어요. O X

3) 시험을 잘 봐서 기분이 아주 좋아요. O X

 다음을 읽고 물음에 대답하세요.
Read the following and answer the questions.

> 마지덥 : 헨드라 씨, 지난달에 본 토픽 시험 점수를 확인했어요?
> 헨드라 : 네, 점수를 확인했는데 3급에 합격했어요.
> 　　　　 마지덥 씨도 시험을 봤잖아요. 결과가 어때요?
> 마지덥 : 축하해요! 저는 이번 시험에 떨어졌어요.
> 헨드라 : 걱정하지 마세요. 다음에는 꼭 합격할 거예요.
> 마지덥 : 네, 저는 다음 시험에 다시 도전할 거예요.

1) 두 사람은 언제 토픽 시험을 봤어요? When did they take the TOPIK test?

2) 읽은 내용과 <u>맞지 않는</u> 것을 고르세요. Read the following and choose the one is NOT mentioned.

① 마지덥 씨는 토픽 시험에 떨어졌어요.

② 헨드라 씨는 토픽 3급에 합격했어요.

③ 두 사람은 다음에 같이 시험을 볼 거예요.

④ 마지덥 씨는 지난번 토픽 시험을 안 봤어요.

말하기, 쓰기
Speaking and Writing

교양 한국어 | 제13과 다음 주 화요일이 기말시험이에요.

1 사진을 보고 어떤 상황인지 추측해 보세요.
Look at the picture and make assumptions about the situation.

보기

가 : 사막은 어때요?
나 : 너무 더울 것 같아요.

1)

가 : 구름 색깔이 까매요.
나 : _____.

2)

가 : 고추는 맛이 어때요?
나 : _____.

3)

가 : 밥을 안 먹었어요.
나 : _____.

4)

가 : 시험 문제가 어때요?
나 : _____.

5)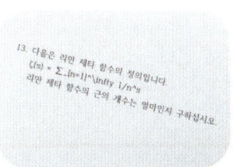

가 : 가방에 책이 많아요.
나 : _____.

6)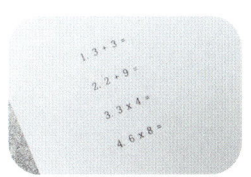

가 : 이 문제는 어때요?
나 : _____.

제14과
Unit 14

방학 때 뭐 할 거예요?
What are you going to do on school break?

들어가기 / Introduction

1. 이번 주말에 무엇을 할 거예요?
   What are you doing this weekend?

2. 방학에 특별한 계획이 있어요?
   Do you have any particular plans for the vacation?

학습목표 Learning objectives	자신의 방학 계획을 말할 수 있다.
주제 Topic	방학, 계획
사용 어휘 Vocabulary used	방학 계획, 아르바이트
사용 문법 Grammar used	-(으)ㄹ 거예요, -(으)ㄹ 수 있어요/없어요

대화 1
Dialogue 1

타오 : 다음 주면 여름 방학이네요. 모두 방학 계획 있어요?

왕지홍 : 저는 고향에 돌아갈 거예요. 가족들, 친구들 만나고 쉬고 싶어요.

마지덥 : 집에 가는 거 부럽네요. 저는 한국에서 아르바이트할 거예요. 등록금을 벌어야 해요. 타오 씨는요?

타오 : 모두 계획이 있네요. 저는 아직 특별한 계획이 없어요.

마지덥 : 그럼, 운전을 배우거나 한국 여행을 가세요.

여름 방학	계획	돌아가다	부럽다
summer vacation	plan	go back/return	envy
아르바이트하다	등록금	돈을 벌다	운전
do a part-time job	tuition fee	earn money	driving

1) 세 사람은 여름 방학에 무슨 계획이 있어요?

2) 마지덥 씨는 왜 한국에서 아르바이트를 할 거예요?

어휘 1 - 방학 계획

Vocabulary 1 - Plans for school break

- **방학 기간**
  vacation period

- **방학 생활**
  life on vacation

- **배우다**
  to learn

- **특별하다**
  special

- **출국하다**
  leave a country

- **입국하다**
  enter a country

- **계획을 세우다**
  make a plan

- **계획을 지키다**
  stick to the plan

대화 2
Dialogue 2

타오 : 마지덥 씨, 방학 잘 보내고 있어요?

마지덥 : 네, 식당 아르바이트 때문에 너무 바빠요.
조금 힘들지만 재미있어요.

헨드라 : 마지덥 씨, 대단해요. 저도 통역 단기 아르바이트를 했는데 힘들었어요.
타오 씨는 운전 배우고 있어요?

타오 : 네, 필기시험은 합격했고 운전 학원에 다니고 있어요.

마지덥 : 아! 지홍 씨는 다음 주에 한국에 와요. 우리 선물을 사 오면 좋겠어요.

잘 보내다	-고 있어요	바쁘다	단기	운전 학원	에 다니다
have a good time	I'm ...ing	busy	short-term	driving academy	go to...

1) 세 사람은 방학 동안 무엇을 하고 있어요?

2) 왕지홍 씨는 언제 한국에 와요?

어휘 2 - 방학 생활, 아르바이트
Vocabulary 2 - Life during school break, Part-time job

- 장기
  long-term

- 사장님
  president

- 인턴십
  internship

- 월급
  salary

- 시간당 수당
  hourly pay

- 필기시험
  written test

- 실기시험
  practical test

- 참여하다
  to participate

어휘 연습
Vocabulary practice

1 알맞은 어휘를 연결하세요.
Match the correct vocabulary.

1) 월급 • • to learn

2) 운전 • • salary

3) 사장님 • • president

4) 배우다 • • plan

5) 계획 • • driving

2 다음 문장에 알맞은 단어를 쓰세요.
Write the appropriate word for the following sentences.

등록금   필기시험   힘들다
특별하다   돌아가다

1) 아르바이트는 조금 _____ 재미있게 하고 있어요.

2) 부모님께서 주신 돈으로 대학 _____ 을 냈어요.

3) 이 가방은 제가 선물 받은 거여서 저에게 _____.

4) 저는 학교를 졸업한 후에 고향에 _____ 일을 할 거예요.

5) 한국에서 운전 _____ 은 영어로 볼 수 있어요.

문법 표현 1
Grammar expression 1

-(으)ㄹ 거예요

① 동사에 붙어 미래의 의지를 표현할 때 사용한다.
It is used to express the future will by attaching it to verbs.

② 동사, 형용사에 붙어 추측을 표현할 때 사용한다.
It is used to express guesses by attaching it to verbs and adjectives.

- 받침 O + -을 거예요
  → 먹다 + -을 거예요 = 먹을 거예요

  받침 X + -ㄹ 거예요
  → 가다 + -ㄹ 거예요 = 갈 거예요

	-(으)ㄹ 거예요		-(으)ㄹ 거예요
먹다		읽다	
힘들다		*즐겁다	
다녀오다		돌아가다	
주문하다		시원하다	

다녀오다
go and come back

시원하다
cool

연습 문제

<보기>와 같이 문장을 바꾸세요.
Change the sentences as shown in <보기>.

> **보기**
>
> 내일 / 친구를 / 만나다
> → 내일 친구를 만날 거예요.

1) 다음 주에 / 여행을 / 가다

   → _____.

2) 저녁에 / 출발을 / 하다

   → _____.

3) 이번 주말에는 / 집에서 / 쉬다

   → _____.

문법 표현 2
Grammar expression 2

-(으)ㄹ 수 있어요/없어요

① 동사에 붙어서 어떤 일을 할 수 있는 능력을 표현한다.
It expresses one's ability to do something by attaching it to verbs.

② 동사에 붙어서 어떤 일이나 상황의 가능, 불가능을 표현한다.
To express the possibility or impossibility of a thing or situation by attaching it to verbs.

- 받침 O + -을 수 있다
  → 먹다 + -을 수 있다 = 먹을 수 있다

  받침 X + -ㄹ 수 있다
  → 가다 + -ㄹ 수 있다 = 갈 수 있다

- 여름에 해운대에서 수영할 수 있어요.
  겨울에 해운대에서 수영할 수 없어요.

	-(으)ㄹ 수 있다
만들다	
*걷다	
타다	
외우다	

	-(으)ㄹ 수 없다
잡다	
읽다	
마시다	
지우다	

연습 문제

<보기>와 같이 질문에 대답하세요.
Answer the questions as shown in <보기>.

> **보기**
>
> 가 : 수영을 할 수 있어요?
>
> 나 : 네, <u>수영을 할 수 있어요</u>.

1) 가 : 일본어를 할 수 있어요?

   나 : _____.

2) 가 : 춤을 출 수 있어요?

   나 : _____.

3) 가 : 김치찌개를 만들 수 있어요?

   나 : _____.

읽기
Reading

1. 다음 글을 읽고 맞으면 O, 틀리면 X 하세요.
Read the following article choose O if correct, choose X if wrong.

> **마지덥**
> 👤 왕지홍
>
> 마지덥 씨, 잘 지내요? 저는 고향 상하이에 있어요. 오랜만에 고향에 와서 가족들, 친구들을 만나니까 정말 좋아요. 상하이는 해산물 요리가 유명해서 많이 먹었어요. 다음에 마지덥 씨가 제 고향에 오면 좋겠어요. 제가 상하이를 안내할게요. 다음 주에 한국에서 만나요.

1) 왕지홍 씨는 고향에 있어요. ⭕ ❌
2) 왕지홍 씨는 해산물을 먹지 않아요. ⭕ ❌
3) 왕지홍 씨는 다음 주에 한국에 가요. ⭕ ❌

2. 다음을 읽고 물음에 대답하세요.
Read the following and answer the questions.

> 제 친구 마리아 씨는 잘하는 게 많아요. 운동을 잘해서 수영을 할 수 있고 스키도 탈 수 있어요. 하지만 저는 스키를 안 배워서 못 타요. 그리고 마리아 씨는 일본어를 공부해서 일본어를 할 수 있어요. 또 미국에서도 살아서 영어도 할 수 있어요. 저는 마리아 씨가 부러워요. 저도 운동과 외국어를 다 잘하고 싶어요.

1) 마리아 씨는 무엇을 잘해요? What are you good at, Maria?

2) 읽은 내용과 <u>맞지 않는</u> 것을 고르세요. Read the following and choose the one is NOT mentioned.

　① 우리는 같이 스키를 탔어요.
　② 저는 영어를 잘하고 싶어요.
　③ 마리아 씨는 미국에서 살았어요.
　④ 마리아 씨는 일본어를 할 수 있어요.

　스키
　ski

말하기, 쓰기
Speaking and Writing

1 무엇을 할 수 있어요? 그림을 보고 쓰세요.
What can you do? Look at the picture and write down.

보기

가 : <u>요리를 할 수 있어요?</u>

나 : <u>네, 요리를 할 수 있어요.</u>

1)

가 : 스키를 잘 타요?

나 : _____.

2)

가 : 수영을 할 수 있어요?

나 : _____.

3)

가 : 영어를 배웠어요? 할 수 있어요?

나 : _____.

4)

가 : 이 문제를 풀 수 있어요?

나 : _____.

5)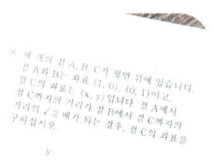

가 : 이것을 들 수 있어요?

나 : _____.

6)

가 : 자전거를 탈 수 있어요?

나 : _____.

제15과
Unit 15

수강 신청했어요?

Have you registered your classes?

 **들어가기** Introduction

1. 다음 학기 수강 신청을 언제 해요?
   When is the class registration for next semester?

2. 무슨 과목을 수강하고 싶어요?
   What class do you want to take?

 **학습목표** Learning objectives — 수강 신청을 할 수 있다.

 주제 Topic — 수강 신청

 **사용 어휘** Vocabulary used — 수강 신청, 수강 신청 방법

 **사용 문법** Grammar used — -기 때문에, -아/어/여 보세요/봤어요

대화 1
Dialogue 1

타오 : 다음 주에 수강 신청해야 하는데 무슨 과목을 들을지 정했어요?

왕지홍 : 아니요, 아직 못 정했어요.

전공은 학과 사무실에서 알려 줬는데 교양은 모르겠어요.

타오 : 교양에 '한국 문화와 K-POP' 들어 봤어요? 재미있을 것 같아요.

왕지홍 : 안 들어 봤어요. 저 이거 신청할래요.

타오 : 그래요. '테니스 기초'도 있던데 같이 들어요.

왕지홍 : 네, 그것도 좋아요.

수강 신청하다	전공	알려 주다	교양	문화	기초
register for college courses	major	to instruct	liberal arts	culture	basics

1) 수강 신청을 언제 해요?

2) 두 사람은 무슨 교양 수업을 들을 거예요?

어휘 1 - 수강 신청
Vocabulary 1 - Application for classes

필수
compulsory

선택
option

과목
subject

학점
credit / grade

졸업
graduate

수업 / 강의
classes / lectures

추천하다
to recommend

고민하다
to worry

물어보다
to inquire

대답하다
to response

대화 2
Dialogue 2

마지덥 : 조교 선생님, 수강 신청을 해야 하는데 복잡해서 모르겠어요. 도와주세요.

조교 : 네, 전공은 내일부터 하고 교양은 모레부터 신청할 수 있어요. 1학년 전공 필수 세 과목은 꼭 들어야 해요. 그리고 교양은 한국어 초급2, 한국 문화, 한국 역사 중에서 선택하세요.

마지덥 : 감사합니다. 모두 들을게요. 내일 홈페이지에서 하면 돼요?

조교 : 지금 수강 신청 사이트에 들어가서 과목을 저장하면 좋아요. 내일은 학생들이 신청을 많이 하기 때문에 느려서 과목 클릭이 힘들어요.

15-2

| 복잡하다 | 도와주세요 | 모레 | 꼭 | 선택하다 | 들어가다 |
| complicate | help/assist | the day after tomorrow | certainly | to choice | to enter/go in |

---

1) 마지덥 씨는 조교에게 무엇을 물었어요?

2) 마지덥 씨는 무슨 수업을 들을 거예요?

어휘 2 - 수강 신청 방법

Vocabulary 2 - Way to register for a course

신청 절차
application process

강의 시간표
timetable

강의 열람표
syllabus

이수하다
to complete a course

제한하다
to limit

저장하다
to save

접속하다
to access

누르다 / 클릭하다
to click

어휘 연습

Vocabulary practice

1 알맞은 어휘를 연결하세요.
Match the correct vocabulary.

1) 수강 신청 • • compulsory

2) 필수 • • application for classes

3) 학점 • • to enter / go in

4) 복잡하다 • • complicate

5) 들어가다 • • credit / grade

2 다음 문장에 알맞은 단어를 쓰세요.
Write the appropriate word for the following sentences.

전공　　　　　시간표　　　　　고민하다
　　제한하다　　　　　추천하다
---

1) 수강 신청 할 때 _____ 필수 과목을 잘 확인하세요.

2) 다음 학기 _____ 를 보면 저는 금요일에 수업이 없어요.

3) 좋은 한국 여행지를 많이 _____ 주세요.

4) 졸업하고 대학원에 갈지, 취업을 할지 _____ .

5) 전공 수업은 인원을 _____ 때문에 많은 학생이 들을 수 없어요.

문법 표현 1
Grammar expression 1

-기 때문에

> 동사나 형용사에 붙어 앞 내용이 뒤 내용의 이유나 원인이 됨을 표현하다.
> Attach to a verb or adjective to express that the preceding content is the reason or cause of the back content.
>
> - 받침 O + -기 때문에
>   → 먹다 + -기 때문에 = 먹기 때문에
>
>   받침 X + -기 때문에
>   → 가다 + -기 때문에 = 가기 때문에
>
> - 학생이다 + -기 때문에 = 학생이기 때문에 / 학생이었기 때문에
>
> ★ 명사 + 때문에 : 날씨 때문에, 친구 때문에

	-기 때문에		-기 때문에
먹다		읽다	
많다		힘들다	
가다		쓰다	
누르다		들어가다	

연습 문제

<보기>와 같이 문장을 바꾸세요.
Change the sentences as shown in <보기>.

> **보기**
>
> 늦게 일어나다 / 지각하다
> → 늦게 일어났기 때문에 지각했어요.

1) 시험이 있다 / 공부하다

   → _____.

2) 학생이다 / 학교에 일찍 오다

   → _____.

3) 비가 오다 / 우산을 사다

   → _____.

문법 표현 2
Grammar expression 2

-아/어/여 보세요/봤어요

| 동사에 붙어서 처음 하는 어떤 행위를 시도해 보는 것을 표현한다.
It's attached to a verb to express trying something that you do for the first time.

- ㅏ, ㅗ + -아/어/여 보다
  → 가다 + -아/어/여 보다 = 가 보다

- ㅏ, ㅗ X + -아/어/여 보다
  → 먹다 + -아/어/여 보다 = 먹어 보다

★ -아/어/여 봤어요 : 경험한 것을 말할 때 사용한다.
  -아/어/여 봤어요 : used to tell what you have experienced.
  → 저는 제주도에 가 봤어요. / 한복을 입어 봤어요.

	-아/어/해 보다		-아/어/해 보다
앉다		먹다	
읽다		*듣다	
쓰다		가다	
들어가다		누르다	

연습 문제

<보기>와 같이 질문에 대답하세요.
Answer the questions as shown in <보기>.

> **보기**
>
> 가 : 수영을 하고 싶어요.
>
> 나 : 네, 수영을 한번 배워 보세요.
>   (수영을 한번 배우다)

1) 가 : 어떻게 하면 축구를 잘할까요?

   나 : _____.

   (매일 연습하다)

2) 가 : 한국에서 어디가 가장 유명해요?

   나 : _____.

   (부산에 가다)

3) 가 : 무슨 음식을 먹을까요?

   나 : _____.

   (돼지국밥)

읽기
Reading

 다음 글을 읽고 맞으면 O, 틀리면 X 하세요.
Read the following article choose O if correct, choose X if wrong.

> 오늘까지 수강 신청을 해야 합니다. 클릭이 안 되어서 걱정을 많이 했습니다. 그런데 타오 씨가 도와줘서 수강 신청을 했습니다. 저는 『한국 사회의 이해』 과목을 듣고 싶은데 인기가 아주 많습니다. 이 수업은 수강 신청을 못 했습니다. 저는 『한국 문학 읽기』 과목을 신청했습니다. 잘 모르지만 열심히 수업을 듣고 싶습니다.

1) 타오 씨가 수강 신청을 도와줬어요.　　O　X
2) 『한국 사회의 이해』 과목은 인기가 많아요.　　O　X
3) 저는 『한국 문학 읽기』를 신청했어요.　　O　X

 다음을 읽고 물음에 대답하세요.
Read the following and answer the questions.

> 왕지홍: 이번 학기에 전공 과목은 몇 개 신청했어요?
> 마지덥: 전공 필수 2과목, 선택 1과목을 신청했어요. 왕지홍 씨는요?
> 왕지홍: 저는 네 과목을 들어요.
> 　　　　그래서 이번 학기에는 금요일에도 전공 수업이 있어요.
> 마지덥: 전공을 많이 듣네요.
> 　　　　저는 아르바이트 때문에 금요일에는 수업을 안 넣었어요.

1) 마지덥 씨는 금요일에 왜 수업이 없어요? Why do you have no class on Fridays, Majidub?

2) 읽은 내용과 <u>맞지 않는</u> 것을 고르세요. Read the following and choose the one is NOT mentioned.

① 왕지홍 씨는 전공을 네 과목 들어요.
② 왕지홍 씨는 금요일에 전공 수업을 들어요.
③ 마지덥 씨는 전공 과목을 신청하지 않았어요.
④ 마지덥 씨는 이번 학기에 아르바이트를 해요.

말하기, 쓰기
Speaking and Writing

 <보기>와 같이 친구와 대화하세요.
Let's talk with friends like the example.

보기

가 : 왜 병원에 갔어요?   나 : 아프기 때문에 갔어요.

가	나
1) 왜 늦게 왔어요?	
2) 왜 마트에 갔어요?	
3) 왜 이 옷을 샀어요?	

 <보기>와 같이 친구와 대화하세요.
Let's talk with friends like the example.

보기

가 : 선생님이 메일을 안 읽어요.   나 : 전화해 보세요.

가	나
1) 다리가 너무 아파요.	
2) 백화점은 너무 비싸요.	
3) 요즘 돈이 없어요.	

모범 답안
Model answer

2과 받침

교실 물건 ·· (38쪽)

① 교실이에요. 무엇이 있어요?
This is a classroom. What's in it?

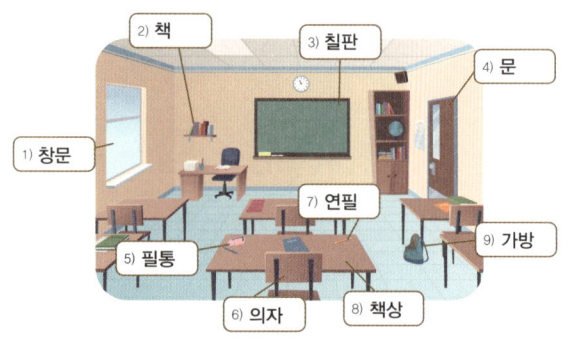

1) 창문 2) 책 3) 칠판 4) 문 5) 필통 6) 의자 7) 연필 8) 책상 9) 가방

문법 표현1 ·· (40쪽)

	-이 있어요? / -이 있어요
무엇	무엇이 있어요?
책	책이 있어요
돈	돈이 있어요
학생	학생이 있어요

	-가 있어요? / -가 있어요
뭐	뭐가 있어요?
침대	침대가 있어요
냉장고	냉장고가 있어요
언니	언니가 있어요

3과 안녕하세요. 저는 왕지홍입니다.

어휘 연습

① 알맞은 어휘를 연결하세요. ············ (48쪽)
Match the words with the pictures.

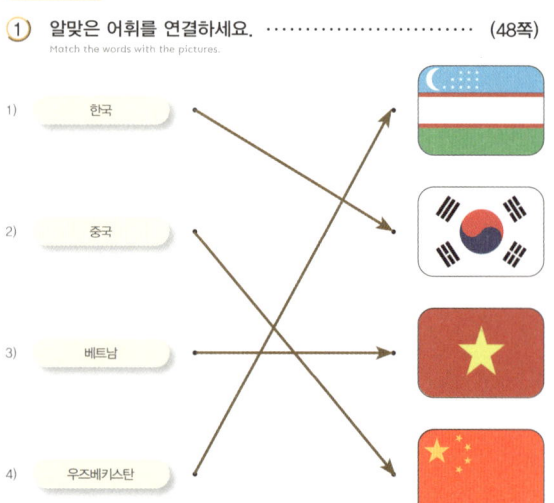

② 다음 문장에 알맞은 단어를 쓰세요. ········· (49쪽)
Write the appropriate word for the following sentences.

1) 유학생 2) 이름 3) 나라
4) 학과 5) 기숙사 6) 친구

문법 표현1 ·· (50쪽)

	-입니까?	-이에요/예요?
무엇	무엇입니까?	무엇이에요?
어디	어딥니까?	어디예요?
누구	누구입니까?	누구예요?

	-입니다	-이에요/예요
가방	가방입니다	가방이에요
도서관	도서관입니다	도서관이에요
교수님	교수님입니다	교수님이에요

문법 표현2 ·· (52쪽)

	-에 살아요?	
어디	어디에 살아요?	
서울	서울에 살아요?	
기숙사	기숙사에 살아요?	

	-에 살아요	
한국	한국에 살아요	
원룸	원룸에 살아요	
아파트	아파트에 살아요	

읽기

① 다음 글을 읽고 맞으면 O, 틀리면 X 하세요. ········ (54쪽)
Read the following article choose O if correct, choose X if wrong.

1) O
2) O
3) O

② 다음을 읽고 물음에 대답하세요. ············· (54쪽)
Read the following and answer the questions.

1) 왕지홍 씨는 학교 기숙사에 살아요.
2) ④

4과　오늘 수업 끝나고 뭐 해요?

어휘 연습

(1) 알맞은 어휘를 연결하세요. ·················· (62쪽)
Match the correct vocabulary.

1) 가다 — to go
2) 자다 — to sleep
3) 맛있다 — delicious
4) 편리하다 — convenient

(2) 다음 문장에 알맞은 단어를 쓰세요. ·················· (63쪽)
Write the appropriate word for the following sentences.

1) 재미있어요　2) 오늘　3) 먹어요
4) 발표해요　5) 생활　6) 많아요

문법 표현1 ·················· (64쪽)

	-습니까?	-습니다	-아/어/해요
*듣다	듣습니까?	듣습니다	들어요
*돕다	돕습니까?	돕습니다	도와요
*만들다	만듭니까?	만듭니다	만들어요

문법 표현2 ·················· (66쪽)

	-고
운동하다 + 씻다	운동하고 씻다
수업을 듣다 + 집에 가다	수업을 듣고 집에 가다
옷이 싸다 + 예쁘다	옷이 싸고 예쁘다

읽기

(1) 다음 글을 읽고 맞으면 O, 틀리면 X 하세요. ·················· (68쪽)
Read the following article choose O if correct, choose X if wrong.

1) O
2) O
3) X

(2) 다음을 읽고 물음에 대답하세요. ·················· (68쪽)
Read the following and answer the questions.

1) 두 사람은 다음 주에 같이 산에 가요.
2) ①

5과　생일이 몇 월 며칠이에요?

어휘 연습

(1) 다음 빈칸에 알맞은 것을 쓰세요. ·················· (76쪽)
Write the appropriate word for the following calendar and time.

1) 월　2) 지난주　3) 다음 주
4) 어제　5) 내일　6) 삼십 분 / 반
7) 두 시　8) 일곱 시 십오 분　9) 오후 네 시 오십 분

(2) 다음 문장에 알맞은 단어를 쓰세요. ·················· (77쪽)
Write the appropriate word for the following sentences.

1) 며칠　2) 오전　3) 요일
4) 언제　5) 시작해요　6) 끝나요

문법 표현1 ·················· (78쪽)

	(시간)-에
2시	2시에
토요일	토요일에
다음 주	다음 주에

	(장소)-에 있어요/없어요/가요
식당	식당에 있어요/없어요/가요
도서관	도서관에 있어요/없어요/가요
사무실	사무실에 있어요/없어요/가요

문법 표현2 ·················· (80쪽)

	-을게요
닫다	닫을게요
*듣다	들을게요
*살다	살게요

	-ㄹ게요
가다	갈게요
대답하다	대답할게요
전화하다	전화할게요

읽기

① 다음 글을 읽고 맞으면 O, 틀리면 X 하세요. ……… (82쪽)
Read the following article choose O if correct, choose X if wrong.

1) O
2) X
3) O

② 다음을 읽고 물음에 대답하세요. …………… (82쪽)
Read the following and answer the questions.

1) 타오 씨는 사과 다섯 개와 수박 한 통을 샀어요.
2) ④

6과   시장에 과일을 사러 가요.

어휘 연습

① 알맞은 어휘를 연결하세요. ……………… (90쪽)
Match the correct vocabulary.

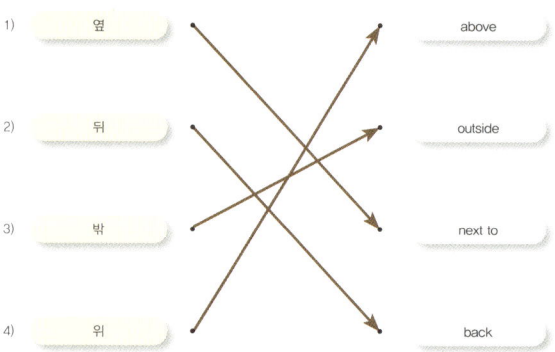

② 다음 문장에 알맞은 단어를 쓰세요. …………… (91쪽)
Write the appropriate word for the following sentences.

1) 안 2) 운동장 3) 남쪽
4) 연구실 5) 근처 6) 시장

문법 표현1 ……………………………………… (92쪽)

	-에 가요	-에서 + V
집	집에 가요	집에서 …
학교	학교에 가요	학교에서 …
백화점	백화점에 가요	백화점에서 …

문법 표현2 ……………………………………… (94쪽)

	-으러 가요
받다	받으러 가요
*듣다	들으러 가요
*만들다	만들러 가요

	-러 가요
만나다	만나러 가요
사다	사러 가요
놀다	놀러 가요

읽기

① 다음 글을 읽고 맞으면 O, 틀리면 X 하세요. ……… (96쪽)
Read the following article choose O if correct, choose X if wrong.

1) O
2) O
3) O

② 다음을 읽고 물음에 대답하세요. …………… (96쪽)
Read the following and answer the questions.

1) 마지덥 씨의 집은 5층에 있어요.
2) ③

7과   무엇을 먹었어요? 뭐 먹고 싶어요?

어휘 연습

① 알맞은 어휘를 연결하세요. ……………… (104쪽)
Match the correct vocabulary.

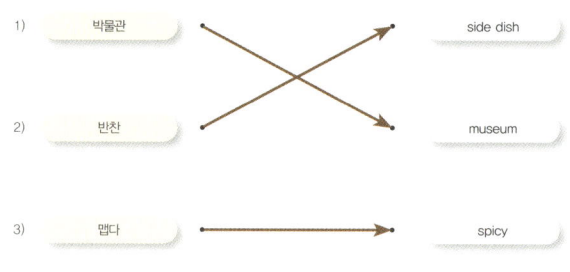

② 다음 문장에 알맞은 단어를 쓰세요. ·················· (105쪽)

1) 산책해요 2) 바다 3) 짜요
4) 등산하고 5) 젓가락 6) 놀이공원

문법 표현1 ·················· (106쪽)

	-았어요	
보다	봤어요	
찾다	찾았어요	
좋다	좋았어요	
	-었어요	
마시다	마셨어요	
예쁘다	예뻤어요	
*듣다	들었어요	
	했어요	
청소하다	청소했어요	
운동하다	운동했어요	
좋아하다	좋아했어요	

문법 표현2 ·················· (108쪽)

	-고 싶어요	
보다	보고 싶어요	
만들다	만들고 싶어요	
운동하다	운동하고 싶어요	
	-고 싶었어요	
찾다	찾고 싶었어요	
만나다	만나고 싶었어요	
공부하다	공부하고 싶었어요	

읽기

① 다음 글을 읽고 맞으면 O, 틀리면 X 하세요. ·········· (110쪽)

1) O ⊗
2) O X
3) O X

② 다음을 읽고 물음에 대답하세요. ·················· (110쪽)

1) 타오 씨는 한국 음식을 좋아해요.

2) ③

8과 저는 기숙사에서 룸메이트와 같이 살아요.

어휘 연습

① 알맞은 어휘를 연결하세요. ·················· (118쪽)

1) 샤워실 — shower room
2) 세탁실 — entrance
3) 출입문 — laundry room
4) 복도 — hallway

② 다음 문장에 알맞은 단어를 쓰세요. ·················· (119쪽)

1) 규칙 2) 벌점 3) 이사하고
4) 분리수거 5) 시설물 6) 퇴사

문법 표현1 ·················· (120쪽)

	-았으면 좋겠어요	
보다	봤으면 좋겠어요	
찾다	찾았으면 좋겠어요	
좋다	좋았으면 좋겠어요	
	-었으면 좋겠어요	
마시다	마셨으면 좋겠어요	
예쁘다	예뻤으면 좋겠어요	
*듣다	들었으면 좋겠어요	
	했으면 좋겠어요	
청소하다	청소했으면 좋겠어요	
운동하다	운동했으면 좋겠어요	
좋아하다	좋아했으면 좋겠어요	

문법 표현2 ·················· (122쪽)

	-으면 안 돼요	
잡다	잡으면 안 돼요	
입다	입으면 안 돼요	
*듣다	들으면 안 돼요	
	-면 안 돼요	
가다	가면 안 돼요	
쉬다	쉬면 안 돼요	
운동하다	운동하면 안 돼요	

읽기

① 다음 글을 읽고 맞으면 O, 틀리면 X 하세요. ……… (124쪽)
Read the following article choose O if correct, choose X if wrong.

1) O
2) O
3) O

② 다음을 읽고 물음에 대답하세요. ……………… (124쪽)
Read the following and answer the questions.

1) 마지덥 씨가 이사한 집은 방이 넓고 깨끗해요.

2) ④

9과 도서관은 어떻게 이용해요?

어휘 연습

① 알맞은 어휘를 연결하세요. ……………… (132쪽)
Match the correct vocabulary.

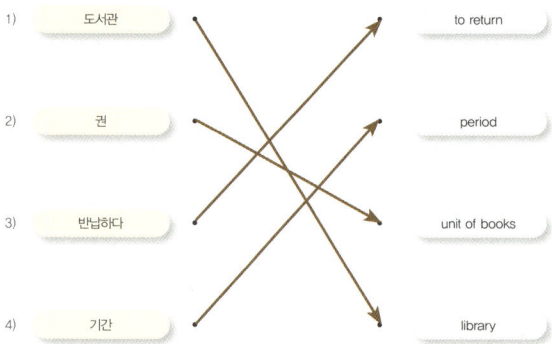

1) 도서관 — library
2) 권 — unit of books
3) 반납하다 — to return
4) 기간 — period

② 다음 문장에 알맞은 단어를 쓰세요. ……………… (133쪽)
Write the appropriate word for the following sentences.

1) 입구   2) 열람실   3) 찍다
4) 학생증 5) 빌렸다   6) 연체료

문법 표현1 ……………… (134쪽)

	-아/어/해야 돼요/해요
만나다	만나야 돼요/해요
빌리다	빌려야 돼요/해요
쓰다	써야 돼요/해요

	-아/어/해야 돼요/해요
먹다	먹어야 돼요/해요
읽다	읽어야 돼요/해요
합격하다	합격해야 돼요/해요

문법 표현2 ……………… (136쪽)

	-으니까
좋다	좋으니까
맛있다	맛있으니까
*듣다	들으니까
*춥다	추우니까

	-니까
쓰다	쓰니까
빌리다	빌리니까
학생이다	학생이니까
한 달이다	한 달이니까

읽기

① 다음 글을 읽고 맞으면 O, 틀리면 X 하세요. ……… (138쪽)
Read the following article choose O if correct, choose X if wrong.

1) O
2) O
3) O

② 다음을 읽고 물음에 대답하세요. ……………… (138쪽)
Read the following and answer the questions.

1) 마지덥 씨는 재학증명서를 받고 싶어 한다.

2) ④

10과 보강은 언제 해요?

어휘 연습

① 알맞은 어휘를 연결하세요. ……………… (146쪽)
Match the correct vocabulary.

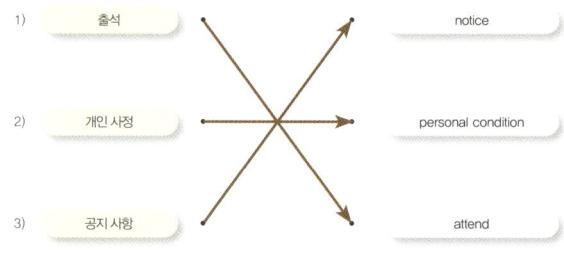

1) 출석 — attend
2) 개인 사정 — personal condition
3) 공지 사항 — notice
4) 결석 — absence
5) 공인결석계 — authorized absence report

② 다음 문장에 알맞은 단어를 쓰세요. ·········· (147쪽)

1) 보강   2) 마지막   3) 정해요
4) 지각했어요   5) 인정한다

문법 표현1 ·········· (148쪽)

못 -	
먹다	못 먹다
가다	못 가다
수영하다	수영 못 하다

-지 못하다	
먹다	먹지 못하다
가다	가지 못하다
수영하다	수영하지 못하다

문법 표현2 ·········· (150쪽)

-아/어/해서	
오다	와서
마시다	마셔서
*듣다	들어서
학생이다	학생이어서

-아/어/해서	
보다	봐서
예쁘다	예뻐서
*덥다	더워서
친구이다	친구여서

읽기

① 다음 글을 읽고 맞으면 O, 틀리면 X 하세요. ·········· (152쪽)

1) O ✗
2) O ✗
3) O ✗

② 다음을 읽고 물음에 대답하세요. ·········· (152쪽)

1) 배가 너무 아파서 학교에 못 갔어요.

2) ③

11과   학교에서 백화점까지 어떻게 가요?

어휘 연습

① 알맞은 어휘를 연결하세요. ·········· (160쪽)

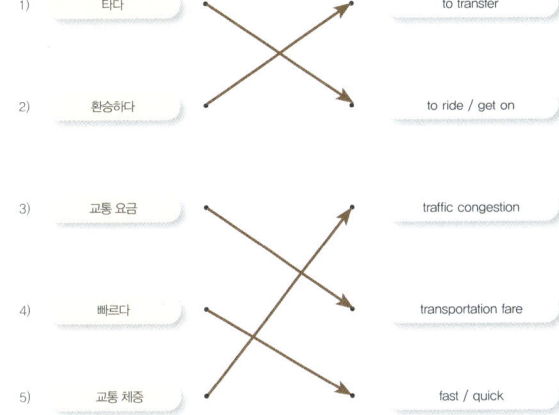

② 다음 문장에 알맞은 단어를 쓰세요. ·········· (161쪽)

1) 정류장   2) 퇴근   3) 신호등, 건너요
4) 걸려요   5) 교통카드

문법 표현1 ·········· (162쪽)

-(으)ㄴ 후에	
먹다	먹은 후에
*걷다	걸은 후에
타다	탄 후에
내리다	내린 후에

-기 전에	
앉다	앉기 전에
읽다	읽기 전에
쓰다	쓰기 전에
걸리다	걸리기 전에

문법 표현2 ···································· (164쪽)

	-(으)면
먹다	먹으면
*걷다	걸으면
쓰다	쓰면
내리다	내리면

	-(으)면
앉다	앉으면
읽다	읽으면
가다	가면
타다	타면

읽기

① 다음 글을 읽고 맞으면 O, 틀리면 X 하세요. ········ (166쪽)
Read the following article choose O if correct, choose X if wrong.

1) O
2) X
3) X

② 다음을 읽고 물음에 대답하세요. ···················· (166쪽)
Read the following and answer the questions.

1) 두 사람은 수업이 끝난 후에 축구를 해요.

2) ④

12과 어떤 여행을 좋아해요?

어휘 연습

① 알맞은 어휘를 연결하세요. ·························· (174쪽)
Match the correct vocabulary.

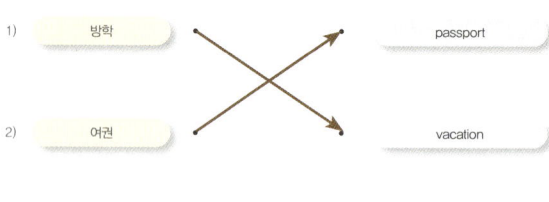

② 다음 문장에 알맞은 단어를 쓰세요. ················· (175쪽)
Write the appropriate word for the following sentences.

1) 여행   2) 자연환경, 아름다워요   3) 번역
4) 준비한다   5) 단체 관광

문법 표현1 ···································· (176쪽)

	-지만
읽다	읽지만
먹다	먹지만
사다	사지만
구경하다	구경하지만

	-지만
춥다	춥지만
덥다	덥지만
쓰다	쓰지만
준비하다	준비하지만

문법 표현2 ···································· (178쪽)

	-(으)ㄴ/는데
먹다	먹는데
*춥다	추운데
쓰다	쓰는데
구경하다	구경하는데

	-(으)ㄴ/는데
작다	작은데
읽다	읽는데
가다	가는데
준비하다	준비하는데

읽기

① 다음 글을 읽고 맞으면 O, 틀리면 X 하세요. ········ (180쪽)
Read the following article choose O if correct, choose X if wrong.

1) O
2) O
3) X

② 다음을 읽고 물음에 대답하세요. ···················· (180쪽)
Read the following and answer the questions.

1) 마지덥은 사장님이 되고 싶어 한다.

2) ④

13과 다음 주 화요일이 기말시험이에요.

어휘 연습

① 알맞은 어휘를 연결하세요. ······················ (188쪽)
Match the correct vocabulary.

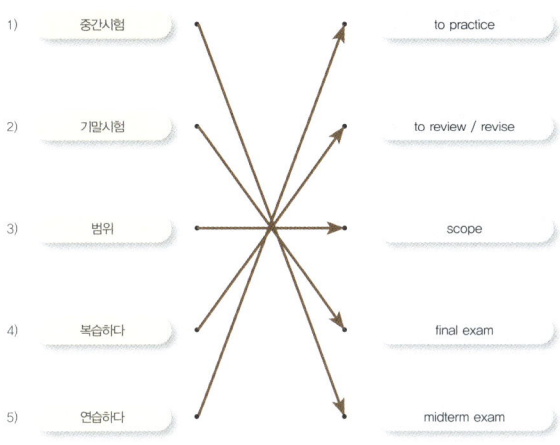

1) 중간시험 — to practice
2) 기말시험 — to review / revise
3) 범위 — scope
4) 복습하다 — final exam
5) 연습하다 — midterm exam

② 다음 문장에 알맞은 단어를 쓰세요. ············ (189쪽)
Write the appropriate word for the following sentences.

1) 객관식 2) 합격했다 3) 나와서
4) 중요해서 5) 시험을 본 후에

문법 표현1 ······················ (190쪽)

	안 -
좋다	안 좋다
넣다	안 넣다
쓰다	안 쓰다
출제하다	출제 안 하다

	-지 않다
먹다	먹지 않다
읽다	읽지 않다
가다	가지 않다
나오다	나오지 않다

문법 표현2 ······················ (192쪽)

	-(으)ㄹ 것 같다
먹다	먹을 것 같다
읽다	읽을 것 같다
가다	갈 것 같다
나오다	나올 것 같다

	-(으)ㄹ 것 같다
좋다	좋을 것 같다
넣다	넣을 것 같다
쓰다	쓸 것 같다
출제하다	출제할 것 같다

읽기

① 다음 글을 읽고 맞으면 O, 틀리면 X 하세요. ··········· (194쪽)
Read the following article choose O if correct, choose X if wrong.

1) O
2) O
3) O

② 다음을 읽고 물음에 대답하세요. ······················ (194쪽)
Read the following and answer the questions.

1) 지난달에 토픽 시험을 봤어요.

2) ③

14과 방학 때 뭐 할 거예요?

어휘 연습

① 알맞은 어휘를 연결하세요. ······················ (202쪽)
Match the correct vocabulary.

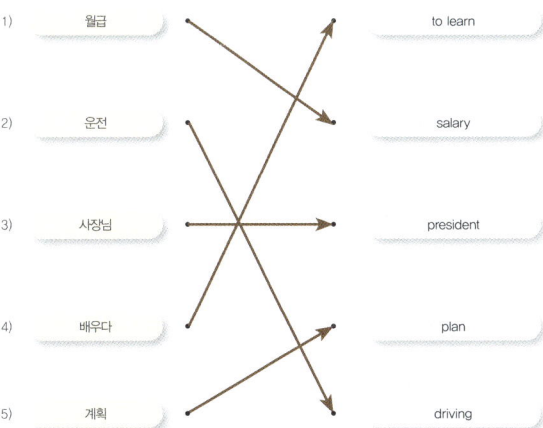

1) 월급 — to learn
2) 운전 — salary
3) 사장님 — president
4) 배우다 — plan
5) 계획 — driving

② 다음 문장에 알맞은 단어를 쓰세요. ·············· (203쪽)

1) 힘들지만   2) 등록금   3) 특별해요
4) 돌아가서   5) 필기시험

문법 표현1 ························ (204쪽)

	-(으)ㄹ 거예요
먹다	먹을 거예요
힘들다	힘들 거예요
다녀오다	다녀올 거예요
주문하다	주문할 거예요

	-(으)ㄹ 거예요
읽다	읽을 거예요
*즐겁다	즐거울 거예요
돌아가다	돌아갈 거예요
시원하다	시원할 거예요

문법 표현2 ························ (206쪽)

	-(으)ㄹ 수 있다
만들다	만들 수 있다
*걷다	걸을 수 있다
타다	탈 수 있다
외우다	외울 수 있다

	-(으)ㄹ 수 없다
잡다	잡을 수 없다
읽다	읽을 수 없다
마시다	마실 수 없다
지우다	지울 수 없다

읽기

① 다음 글을 읽고 맞으면 O, 틀리면 X 하세요. ······ (208쪽)

1) O
2) X
3) O

② 다음을 읽고 물음에 대답하세요. ·············· (208쪽)

1) 마리아 씨는 운동과 외국어를 잘 해요.
2) ①

15과 수강 신청했어요?

어휘 연습

① 알맞은 어휘를 연결하세요. ·············· (216쪽)

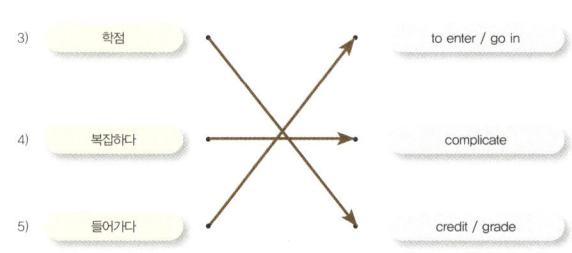

1) 수강 신청 — application for classes
2) 필수 — compulsory
3) 학점 — credit / grade
4) 복잡하다 — complicate
5) 들어가다 — to enter / go in

② 다음 문장에 알맞은 단어를 쓰세요. ·············· (217쪽)

1) 전공   2) 시간표   3) 추천해
4) 고민하고 있어요   5) 제한하기

문법 표현1 ························ (218쪽)

	-기 때문에
먹다	먹기 때문에
많다	많기 때문에
가다	가기 때문에
누르다	누르기 때문에

	-기 때문에
읽다	읽기 때문에
힘들다	힘들기 때문에
쓰다	쓰기 때문에
들어가다	들어가기 때문에

문법 표현2 ·· (220쪽)

	-아/어/해 보다
앉다	앉아 보다
읽다	읽어 보다
쓰다	써 보다
들어가다	들어가 보다

	-아/어/해 보다
먹다	먹어 보다
* 듣다	들어 보다
가다	가 보다
누르다	눌러 보다

읽기

① 다음 글을 읽고 맞으면 O, 틀리면 X 하세요. ········· (222쪽)

1) O
2) O
3) O

② 다음을 읽고 물음에 대답하세요. ····················· (222쪽)

1) 아르바이트 때문에 금요일에 수업이 없어요.

2) ③

색인
index

ㄱ

가게	store	28, 87
가구	furniture	28
가능하다	possible	102
가다	to go	59
가방	bag	35, 50
가운데	among	89
갈비탕	Galbitang	100
갈아타다/환승하다	to transfer	156
감기에 걸리다	catch a cold	144
강의 열람표	syllabus	215
강의 시간표	timetable	215
강의실	lecture room	36
개	pieces(unit of things)	75
개인 여행	personal trip	143
개인 사정	personal condition	171
객관식	multiple choice	184
건너다	to cross	159
걸어가다	walk along	158
검색하다/찾다	to search/find	129
결석	absence	35
결석하다	be absent	144
경영학과	Department of Business Administration	47
경주	Gyeong-ju	170
경험/경험하다	experience/to experience	100
계획	plan	198
계획을 세우다	make a plan	199
계획을 지키다	stick to the plan	199
고기	meat	86
고민하다	to worry	213
고향	hometown	88
공부하다	to study	35, 44, 59
공연장	concert hall	101
공인결석계	authorized absence report	144
공지 사항	notice	142
공지하다	to announce	131
공책	notebook	38
공휴일	public holiday	142
과목	subject	213
과일	fruit	86
과제/숙제	assignment/homework	187
관광하다	do sightseeing	171
관람하다	to see/watch	101
관리인	janitor	115
교무학생처	school Student Affairs Department	138
교수/교수님	professor	50
교양	liberal arts	74, 212
교통 체증	traffic congestion	159
교통카드	transportation card	157
구	nine	73
구경하다	look around/sightsee	101
구월	September	73
국/찌개	soup/stew	103
국내 여행	domestic trip	171
국제비즈니스학과	Department of International Business	47
권	unit of books	75
귀	ear	22
규칙	regulation	116
그런데	but	60
그리고	and	46
그림	drawing	29
극장	theater	100
근처	near	89
금요일	Friday	76
기간	period	130
기말시험	final exam	184
기숙사	dormitory	46
기차	train	28, 157
기초	basics	212
길이 막히다/차가 밀리다	be stuck in traffic	158
김치	kimchi	35
김치볶음밥	kimchi fried rice	102
깎다	to cut	37
꼬리	tail	28, 29
꼭	certainly	214
꽃	flower	35
끝나다	to finish	36, 58

ㄴ

| 나라 | country | 28 |

나무	tree	28
나오다	come out	184
낚시	fishing	35
날씨	weather	173
날짜	date	142
날짜를 잡다	set a date	143
남	south	89
낮	daytime	35
내리다	to leave/get off	156
내일	tomorrow	72
냉장고	refrigerator	40
넓다	wide	37
네 개		75
넷	four	75
노트북	laptop	38
놀다	to play	94
놀이공원	amusement park	101
누구	who	50
누르다/클릭하다	to click	215
눈	eye	35
느리다	slow	61, 159
늙다	get old	37

ㄷ

다녀오다	go and come back	204
다리	leg	28
다섯	five	75
다운받다	to download	187
다음	next time	114
다음 주	next week	31
단기	short-term	200
단체 관광	group tour	171
달	month	29
달다	sweet	103
닭	chicken	37
닮다	look like	37
대답하다	to response	213
대한민국/한국	Korea	45
대화	conversation	28
더워요	hot	22

도서관	library	50, 87
도와주세요	help/assist	214
도착하다	to arrive	159
독일	Germany	45
돈	money	40
돈을 벌다	earn money	198
돌아가다	go back/return	198
돕다	to help	64
동	east	89
돼지	pig	22
된장찌개	doen-jang-jji-gae	102
두 개		75
둘	two	75
뒤	back	89
듣다	to listen	36, 59
들어가다	to enter/go in	129, 214
등록금	tuition fee	198
딸	daughter	29
때문에	because	114

ㄹ

룸메이트	roommate	114

ㅁ

마지막	the last	142
마트/슈퍼	supermarket	87
만	ten thousand	73
만나다	to meet	35, 36
만들다	to make	64
많다	a lot of	61
말씀드리다	to tell	144
말하다	to speak	36
맑다	clear	37
맛없다	bland	61
맛있는 식당	famous restaurant	86
맛있다	delicious	61
맡다	take charge of	186
매일	everyday	60
맵다	spicy	103

먹다	to eat	35, 59
명	unit of person	75
모레	the day after tomorrow	214
모이다	to gather	187
모자	hat	173
목요일	Thursday	76
몽골	Mongolia	45
무료 환승	free transfer	157
무엇	what	40
무역학과	Department of Commerce and Trade	47
무인 발급기	automatic dispenser	138
문의하다	to inquire	131
문자	text message	72
문제를 풀다	solve a problem	185
문화	culture	212
물	water	35
물어보다	to inquire	213
미국	America	45
미래	future	28
미술관	art museum	101
미용실/헤어숍	hair shop, hair salon	87

ㅂ

바꾸다/환전하다	to change/exchange money	173
바다	ocean	101
바쁘다	busy	200
바지	trousers	28
박물관	museum	101
밖	outside	36, 89
반납하다	to return	130
반찬	side dish	103
받다	to receive	94
발음	pronunciation	186
발표	presentation	36
발표하다	give a presentation	60, 186
밤	night	35
밥	rice	35, 103
방	room	29, 36, 115
방학 기간	vacation period	199
방학 생활	life on vacation	199

배우다	to learn	28, 199
백	hundred	73
백만	million	73
백화점	department store	87
버스정류장	bus stop	156
번역하다/통역하다	to translate/to interpret	173
벌점	penalty points	116
베트남	Vietnam	45
병	bottle	75
병원 진단서	medical certificate	145
보강	makeup class	142
보고하다	to report	145
보내다	to send	72
보다	to see	59
보충 수업	supplementary class	143
복도	hallway	115
복사실	the copy room	87
복사하다	to copy	88
복습하다	to review/revise	185
복잡하다	complicate	214
볶다	to stir-fry	37
볼펜	ballpoint	38
부럽다	envy	198
부엌	kitchen	35
북	north	89
불편하다	inconvenient	61
불합격하다/떨어지다	to fail	185
브라질	Brazil	45
비	rain	139
비빔밥	bi-bim-bap	36
비상약	first-aid medicine	173
비자	visa	173
비행기	airplane	157
빌리다/대출하다	to borrow	130
빠르다	fast/quick	61, 158
빵	bread	29, 35
뽑다	to elect/select	187

ㅅ

| 사 | four | 73 |

사감 선생님	housemaster	115
사거리	intersection	159
사고 싶다	to want to buy	58
사과	apple	22
사다	to buy	29, 59
사무실	office	78
사월	April	73
사유를 쓰다	write the reasons	145
사이	between	89
사장님	president	201
사진 자료	visual aids/materials	130
사진 찍다	take a picture	101
사투리	(regional) dialect	28
산	mountain	101
산책하다	take a walk	101
살다	to live	46
삶다	to boil	37
삼	three	73
삼월	March	73
생신	birthday (polite form)	156
생일	birthday	72
생활	daily life	60
샤워실	shower room	115
서	west	89
서른	thirty	75
서술형	descriptive style	184
서울	Seoul	52
서점	book store	87
선생님	teacher	36
선택	option	213
선택하다	to choose	187, 214
세 개		75
세계	world	28
세미나실	seminar room	129
세탁실	laundry room	115
셀프	self-service	102
셋	three	75
쇼핑하다	go shopping	58, 59
수강 신청하다	register for college courses	212
수업	classes	36
수업/강의	classes/lectures	213
수영복	swimsuit	172
수영하다	to swim	101
수요일	Wednesday	76
숙제	homework	36
숟가락	spoon	35, 103
숲	forest	35
쉬다	to rest	59
쉽다	easy	61
스무 개		75
스물		75
스물하나		75
스물한 개		75
스키	ski	208
스터디 룸	study room	129
시	time (o'clock)	75
시간	hour(unit of time)	75
시간당 수당	hourly pay	201
시간이 있다	have time	58
시계	clock	22
시다	sour	103
시설	facility	131
시원하다	cool	204
시월	October	73
시장	market	87
시키다/주문하다	to order	102
시험 범위	scope of the exam	185
시험을 보다	take an exam	185
식당	restaurant	87
신문방송학과	Department of Mass Communication	47
신분증	identification card	129
신청 절차	application process	215
신청하다	to apply	131
신호등	traffic light	159
신호를 지키다	follow the traffic signs	159
실기시험	practical test	201
실시하다	to implement	143
십	ten	73
십만	a hundred thousand	73
싸다	cheap	29
쌓이다	to pile up	116
쓰다	to write	28

쓰다	bitter	103
씻다	to wash	35, 59

ㅇ

아래/밑	below/under	89
아르바이트하다	do a part-time job	198
아름답다	beautiful	172
아이	child	19
아파트	apartment	52
아홉	nine	75
안	inside	89
안 맵게 하다	make it less spicy	102
안내하다	to guide	143
앉다	to sit	37
알려 주다	to instruct	212
알리다	to inform	143
앞	front	36, 89
앞으로	in the future	44
야구	baseball	22
얇다	thin	172
양식	form	187
어디	where	46
어떻다	how	60
어렵다	difficult	61
어머니	mother	28
언니	older sister	40
없다	there's none~	35, 37
여권	passport	173
여덟	eight	75
여름 방학	summer vacation	198
여섯	six	75
여행 가방	suitcase	173
여행 가이드	a tour guide	171
여행사	travel agency	171
여행하다	to travel	101
역사 유적지	historical site	170
연구실	professor's office/Laboratory	87
연습하다	to practice	187
연장하다	to extend	131
연체료	late fee, overdue fine	131

연필	pencil	38
열	ten	75
열람실	reading room	128
영/공	zero	73
영국	the U.K	45
영화	movie	100
옆	next to	36, 89
예습하다	to preview (study in advance)	185
예약하다	to reserve	129
오	five	19, 73
오늘	today	58
오다	to come	59
오른쪽	right	89
오월	May	73
오이	cucumber	19
오전	A.M.	74
오후	P.M.	58
올리다/업로드하다	to upload	187
옷	clothes	35
외부인	visitor	115
외출증	pass	116
왼쪽	left	89
요금을 내다	pay a fare	157
요리하다	to cook	114
우리	we	46
우산	umbrella	173
우즈베키스탄	Uzbekistan	45
우체국	post office	87
운동장	playground; sports field	87
운동하다	work out	59
운동화	sneakers	173
운전	driving	198
운전 학원	driving academy	200
울다	to cry	35
원룸	one-room apartment	46
월급	salary	201
월요일	Monday	76
웨이터	waiter	22
위	above	89
유월	June	73
유학생	international students	46

육	six	73
의사	doctor	22
의자	chair	22
이	two	19, 73
이름	name	36
이사하다	move out	114
이수하다	to complete a course	215
이용 시간	usage time	129
이용하다	to use	129
이월	February	73
인도	India	45
인도네시아	Indonesia	45
인사	greeting	36
인정되다	be recognized	144
인턴십	internship	201
일	one	73
일곱	seven	75
일본	Japan	45
일어나다	get up	59
일요일	Sunday	76
일월	January	73
일을 나누다	divide up the work	186
일정	schedule	143
일하다	to work	59
읽다	to read	37
입구	entrance	128, 129
입국하다	enter a country	199
있다	be; stay	37

ㅈ

자기소개	self-introduction	44
자다	to sleep	28, 59
자료	material	88
자료 구입	material purchase	131
자료 대출	material borrow	131
자료 복사	material photocopy	131
자료 찾다	look for reference	186
자연환경	natural environment	171
자전거	bicycle	157
작다	small	61

잘 보내다	have a good time	100, 200
잘 부탁드립니다	I look forward to your kind cooperation	44
잠깐	for a moment	74
장기	long-term	201
장을 보다	do the grocery shopping	86
재미없다	boring	61
재미있다	funny	61
재학증명서	certificate of registration	138
저녁	dinner	86
저장하다	to save	215
적다	few	61
전공	major	74, 212
전화번호	phone number	72
점수를 받다	get a grade	185
접속하다	to access	215
젓가락	chopsticks	103
정문	main gate	87
정하다	to decide	142
제주도	Je-ju island	172
제출하다	to submit	145
제한하다	to limit	215
조	group	186
조교	assistant	74
조심하다	be careful	116
조용하다	be quiet	128
졸업	graduation	213
좋다	good	61
좋아하다	to like	59
좌석	seat	129
주관식	short-answer question	184
준비하다	to prepare	172
중간고사	midterm exam	185
중국	China	45
중요하다	important	187
즐겁다	pleasant	100
지각하다	be late for	145
지갑	wallet	38
지나다	to pass by	157
지우개	eraser	38
지하	basement	88
지하철	subway	156

지하철역	subway station	157
직접	direct	114
집	house	87
짜다	salty	28, 103
짝	partner	187
짧다	short	37
찌개	stew	28, 103
찍다	to scan	128

ㅊ

차다	to kick	28
차례	procedure; process	28
참여하다	to participate	201
책	book	35, 38
책상	desk	36
처리하다	to process	145
처음	beginning, first	44
천	thousand	73
청소하다	clean up	59
체력 단련실	fitness room	115
초급	beginner level	35
추워요	cold	22
추천하다	to recommend	213
축하하다	to celebrate	72
출국하다	leave a country	199
출근	get to work	159
출발하다	to depart	158
출석	attendance	35, 36
출석 애플리케이션	attendance application	145
출석 점수	attendance score	145
출석하다	to attend	144
출입 금지	no entry	115
출입문	entrance	115
출제하다	set exam questions	185
충전하다	to recharge	157
친구	friend	35, 46
칠	seven	73
칠월	July	73
침대	bed	40

ㅋ

카드	card	38
컴퓨터학과	Department of Computer Science	47
크다	big	28, 61
크림	cream	29

ㅌ

타다	to ride/get on	28, 156
탈	mask	29
태국	Thailand	45
택배	parcel delivery service; home-delivery service	88
택시 승강장	taxi stand	157
택시를 부르다	call for a cab	159
토요일	Saturday	76
통금 시간	curfew	116
퇴근	leaving work	158
퇴사	resignation	116
특별하다	special	199

ㅍ

파도	wave	28
팔	eight	73
팔월	August	73
팡	boom	29
팥빙수	patbingsu	35
편리하다	convenient	61
포도	grapes	28
프랑스	France	45
프레젠테이션	presentation	186
필기시험	written test	201
필수	compulsory	213
필요하다	to need	172
필통	pencil case	38

ㅎ

하나	one	75
학과	department	49
학과 사무실	department office	74, 87
학교	school	87
학교 게시판	school bulletin board	143
학생	student	40
학생증	student ID card	38, 128
학생회관	student hall	88
학술 논문	academic paper	131
학점	credit/grade	213
한 개		75
한 달	a month	130
한국어교육학과	Department of Korean Language Education	47
합격하다	to pass	185
해산물	seafood	105
해외여행	overseas trip	171
허리	waist	28
호주	Australia	45
호텔관광학과	Department of Hotel Tourism	47
화요일	Tuesday	76
회계학과	Department of Accounting	47
회사	company	22
회의	meeting	28
횡단보도	crosswalk	159
휴가	vacation	171
휴식을 취하다	take a rest	171
흙	soil	37
힘들다	hard/tiring	61, 114

출처 표기
Mark the Source

[Freepik]
kr.freepik.com

제1과　23쪽; 30쪽; 31쪽;
제2과　32쪽; 38쪽; 41쪽;
제3과　42쪽; 45쪽; 47쪽; 48쪽;
제4과　56쪽; 59쪽; 61쪽;
제5과　70쪽; 73쪽; 75쪽; 76쪽;
제6과　84쪽; 87쪽; 89쪽;
제7과　98쪽; 101쪽; 103쪽;
제8과　112쪽; 115쪽;
제9과　126쪽; 129쪽; 131쪽;
제10과　140쪽;
제11과　154쪽; 157쪽; 159쪽;
제12과　168쪽; 171쪽; 173쪽;
제13과　182쪽; 195쪽;
제14과　196쪽; 209쪽;
제15과　210쪽;

[Photo AC]
www.photo-ac.com

제1과　31쪽;
제6과　87쪽;
제7과　101쪽;
제9과　129쪽;
제11과　157쪽; 159쪽;

[공유마당]
gongu.copyright.or.kr

제7과　103쪽; 반찬
전북-전주-한정식-003 by 박동식, 공유마당, CC BY
제11과　159쪽; 신호를 지키다
호수공원22093 by 이상화, 공유마당, CC BY

[공공누리]
www.kogl.or.kr/index.do

제7과　98쪽; 갈비탕
*출처 - [관광문화체육과(https://www.geumsan.go.kr/kr/html/sub02/02021102.html?mode=V&no=a8051616ae4d474219be575e8879c544&GotoPage=1)]

[대한민국역사박물관 근현대사아카이브]
archive.much.go.kr

제6과　87쪽; 우체국
*출처 - [서울중앙우체국(https://archive.much.go.kr/data/01/folderView.do?jobdirSeq=555&idnbr=2016035482)]
제11과　157쪽; 택시 승강장
*출처 - [광주역 광장(https://archive.much.go.kr/data/01/folderView.do)]

교양 한국어 ❶

기획	랑스 주식회사 (랑스코리아)
지은이	조윤경, 김장식, 류승의

초판 1쇄 인쇄	2023년 12월 8일
초판 1쇄 발행	2023년 12월 11일
	ISBN 979-11-984320-3-2
	ISBN 979-11-984320-2-5 (세트)
	Copyright. 2023. 랑스 주식회사
	이 책의 저작권은 랑스 주식회사에 있습니다. 저작권자의 허락 없이 내용의 일부를 인용하거나 발췌하는 것을 금합니다.

출판	랑스 주식회사 (48082) 부산광역시 해운대구 좌동로 67, 2층 전화 I +82-51-965-1000 전송 I +82-50-4202-5193 전자우편 I info@langscorp.com 홈페이지 I www.langskorea.co.kr (영어) 　　　　 www.langskorea.com (일본어)
	총괄 I 박시영 일러스트 I 천지인 편집/디자인 I 박상아, 천지인 목소리 녹음 I 타입캐스트

* 잘못된 책은 구입하신 서점 및 기관에서 교환해 드립니다.
* 정가는 표지에 표기되어 있습니다.